LA MUJER, EL SELLO DE LA CREACIÓN

Cómo obtener éxito en el rol del matrimonio

REY F. MATOS

Para vivir la Palabra

MANTÉNGANSE ALERTA;
PERMANEZCAN FIRMES EN LA FE;
SEAN VALIENTES Y FUERTES.
—1 CORINTIOS 16:13 (NVI)

La mujer, el sello de la creación por Rey F. Matos Serrano
Publicado por Casa Creación
Miami, Florida
www.casacreacion.com

Library of Congress Control Number: 2006925948
ISBN: 978-1-59185-845-4
E-book ISBN: 978-1-62998-384-4

Desarrollo editorial: *Grupo Nivel Uno, Inc.*
Diseño interior: *Grupo Nivel Uno, Inc.*

Nota de la editorial: Aunque el autor hizo todo lo posible por proveer teléfonos y páginas de Internet correctas al momento de la publicación de este libro, ni la editorial ni el autor se responsabilizan por errores o cambios que puedan surgir luego de haberse publicado.

Impreso en Colombia

21 22 23 24 25 LBS 9 8 7 6 5 4 3 2 1

DEDICATORIA

A mi amada esposa Mildred.

Gracias, por «exigirme» escribir este libro... Gran parte de la revelación bíblica que plasmé en estas páginas la recibí observándote, tratando de comprenderte y de conocer la naturaleza de la mujer. No fue sencillo, pero agradezco que tuvieras la paciencia de esperar a que Dios me lo enseñara y me diera entendimiento. Gracias, por haberme amado con el amor incondicional de Dios. Ahora vivo admirando la gran obra maestra de la creación.

Deseo, con todo mi corazón, que Dios te bendiga, complaciéndote en todos tus sueños; porque eres una mujer maravillosa que ha sabido sacrificarse tanto por los que ama, veo a Dios en tu forma de amar.

Eres el regalo más extraordinario que Dios me ha dado; que aún disfruto, después de veintinueve años de casados. Tu compañía ha sido y es una de las bendiciones que me fortalecen cada día. Eres esforzada, valiente, y la fe sencilla que posees me bendice mucho; aunque a veces, no la entiendo, me sorprenden los resultados.

Gracias, por enriquecerme con tus frutos. Como siempre he dicho, tu gozo y alegría hacen que la vida se haga más llevadera y entretenida. Agradezco sinceramente que me hayas aceptado por esposo. ¡Qué bueno que fui perseverante hasta lograr el sí! Seguiré luchando para hacerte feliz.

Que esta nueva etapa de tu vida sea muy especial. Que la disfrutes tanto o más que las anteriores. Que la salida de nuestro hogar de nuestros hijos, Frances y Rey, te llene de satisfacción por lo bien que has hecho tu tarea, mientras estuvieron y te necesitaron.

¡Te amo tanto...!

CONTENIDO

Prólogo

Me fascina conocer cómo fueron creadas las cosas. Es que cada vez que descubro qué hay detrás del proceso creador, mi percepción hacia lo creado cambia.

Recientemente escuché a un compositor y ministro de música hablar acerca de una de sus composiciones que yo había escuchado una y otra vez. Algo pasó cuando entendí qué había detrás de cada letra, cada suspiro y cada acompañamiento musical. Les confieso que desde ese día la canción dio un giro para mí. Ahora todo en esa creación tiene sentido.

Por esta misma razón siempre me he encontrado atraído al relato de la Creación Divina.

En las primeras líneas de la narración de la creación se nos presenta una de las facetas que más admiro de Dios. Mientras el Dios Creador delineaba en la mesa celestial el diseño de cada estrella, le daba forma a cada monte, cada volcán y cada pradera. Fue ahí que se le ocurrió: «Esto debe ser compartido». En su amor, decide compartir la belleza de su creación con un pequeño ser llamado «hombre».

Como el pintor que da unos pasos hacia atrás mientras observa y se deleita en lo que ha hecho. Así Dios contempla su obra y con voz complaciente declara sobre los ríos, es bueno. Sobre los montes, es bueno. Sobre las estrellas y el firmamento, es bueno. En fin, Dios declara que todo lo que Él había creado era bueno. Luego, lo miró fijamente y saltó de su corazón... «No es bueno que el hombre esté solo». He ahí el primer dilema de la creación.

La pregunta a hacernos es... ¿Cómo resolverá el primer dilema de la creación? ¿Cuál será la respuesta suprema que hará esta obra completa? Me pregunto cómo el máximo creador del universo podía encontrar alguna manera de mejorar su creación, de completar su obra maestra. Es en ese instante, como sello de su creación, surge la belleza deslumbrante y la provisión justa de Dios mediante un ser, creado no del polvo, sino de forma sin par... LA MUJER. Desde entonces todos los hombres podemos decir: ¡Gloria a Dios!

Rey Matos, pastor y consejero familiar, regresa con otro libro, tan esperado y oportuno para cada familia. Sabemos, desde ya, que esta recopilación de enseñanzas quedará como un legado para generaciones futuras.

He tenido el privilegio de caminar junto a Rey en los últimos años, y hay muchas cosas de su vida y su familia que me han bendecido. La que más resalta a la vista, es que en cada enseñanza, consejo, y en cada paso que da día a día, se manifiesta su alta pasión por ver el diseño de Dios cumplirse en nuestras familias.

En *La mujer, el sello de la creación* se hace evidente esta pasión del pastor Rey Matos. A cada hombre, cada mujer y cada joven se nos otorga el privilegio de entrar por las puertas del conocimiento del diseño maestro y el propósito de la mujer en la creación.

No tengo dudas que cada varón que lea estas líneas aprenderá a ver a la mujer como respuesta de Dios a sus necesidades. Entenderemos el propósito de nuestra autoridad, y que el complemento que Dios nos dio a través de las mujeres sólo es efectivo si aprendemos a apreciarlas y valorarlas.

Cada mujer que lea estas verdades, sea joven, adulta, rechazada, marcada, madura o felizmente casada, observará el retrato de cómo Dios la ve y el potencial que ha puesto sobre ella para bendecir a los que le rodean. Los sueños del Padre para ella le darán norte a su vida.

Le aviso de antemano. Debe prepararse, pues al leer cada página, los principios revolucionarios no le permitirán seguir igual. Cada creencia limitante que ha invadido nuestra cultura y ha marcado nuestras familias de generación en generación, será expuesta. El poder de la verdad nos hará libres.

Rey, te bendigo por obedecer a Dios y decidir bendecir a nuestras generaciones. Nuestros futuros nietos te estarán agradecidos por la marca que Dios depositará en nuestras vidas a través de esta lectura. Gracias.

JACOBO RAMOS
SALMISTA Y PASTOR

INTRODUCCIÓN

Te rogamos, Señor Jesús, que uses este libro para restaurar en nuestros corazones la imagen de la mujer, según la revelación de las Escrituras, el único lugar al que podemos recurrir para investigar cuáles fueron los maravillosos principios que abrigaste en tu corazón, cuando la creaste. Concédenos conocer las revolucionarias verdades que rodean la naturaleza de la mujer, aunque estas confronten nuestro concepto de ella, según nos lo han planteado las distintas culturas y tradiciones, alrededor del mundo.

Que podamos entender por qué la Biblia enseña, en *Proverbios 18:22*, que:

> *«El que halla esposa halla el bien y alcanza la benevolencia de Jehová».*

Que podamos disfrutar de ella como nunca antes; no, para sacarle provecho, sino como un instrumento de Dios, para conocer tus propósitos para con la mujer; que reconozcamos tu presencia en ella, ya que manifestaste al hombre tu amor, a través de este ser tan especial.

Que podamos honrarla, con respeto y admiración, como a la persona en quien plasmaste gran parte de tu corazón, para que todo el potencial que le impartiste al crearla sea optimizado. Que nunca más sea humillada; que nadie la pisotee, ni la denigre, ni la utilice como un objeto sexual, ni blasfeme contra ella, ni ensucie al ser más puro y delicado que jamás se haya creado. Que dejemos ya de culparla por todo.

Concédenos, también, protegerla. ¡Sí, concédenos protegerla contra todos sus enemigos; incluso, de nosotros mismos…!

Por favor, saca a la luz todo lo oculto que ha arrojado maldiciones sobre su imagen; que ha querido mantenerla subdesarrollada en su trabajo como sierva de Dios, como mujer, hija y esposa. Déjanos ver el plan de destrucción y de humillación que se entretejió en una mente enemiga muy calculadora, para impedir que tus propósitos fueran cumplidos en la vida de esta hermosa criatura, tan exquisitamente diseñada.

Te pido una *unción que pudra los yugos* en nuestro entendimiento, para que podamos redimir a la mujer y llevarla al lugar tan especial que le diste cuando la creaste. Que no tenga ella que luchar por redimirse a sí misma, sino que lo hagamos nosotros, los hombres, los llamados a ponerla a reinar juntamente con nosotros.

¡Dios de la creación, danos el equilibrio de la sabiduría y el discernimiento, para verla como tú la ves! Concédenos entenderla y valorarla como tú lo haces. Que el conocimiento de la mujer, el regalo más grande que jamás hayas hecho al hombre, provoque una admiración reverente hacia ella. Que no especulemos sobre la intención de tu corazón al crearla, para no idolatrarla; pero que, tampoco, le demos menos valor del que tú le diste.

Te ruego, Señor, que siembres esta palabra en nuestros corazones y nos capacites para vivir exitosamente la vida matrimonial y familiar, junto a ella. ¡Ten misericordia!

Dicho sea de paso, te pido perdón por la ignorancia que había en mí, en cuanto a la persona de la mujer; por todas las veces que la herí, la culpé, la castigué injustamente con mis críticas. Perdóname, por no haberme dado cuenta del engaño de Satanás, que me hizo maltratarla emocionalmente y descuidar su vida espiritual. Perdóname, por haber descargado contra ella mis frustraciones, sin comprender que sólo buscaba la forma de complacerme.

Gracias, por la capacidad que les has dado para soportar con paciencia, en amor. Merced a esa virtud, ellas han amado en *esperanza contra esperanza*. Gracias, por el corazón con que las has dotado; por eso, todavía tenemos esposas y madres alrededor de nosotros, amándonos perseverantemente, a pesar de nuestras actitudes negativas hacia ellas y de nuestra ingratitud.

Nunca dejaré de agradecerte por haber creado a este ángel, que despide tanta gracia en todo lugar donde se pasea.

¡Bendícela, Dios! Yo también la bendigo...

¿Para quién y por qué escribí este libro?

Para hombres

Este libro se escribió para aquellos hombres que quieren entender mejor a las mujeres y tener éxito al relacionarse con ellas; para los que consideran que son muy complicadas y difíciles de tratar; para los que se sienten frustrados porque no han logrado complacer a sus esposas. Está escrito para hombres que entienden que, por la función que se nos ha dado de ser cabeza del hogar, Dios nos pedirá cuentas por lo que hicimos o dejamos de hacer y por nuestro comportamiento con ellas; y que, por eso, tenemos la responsabilidad de utilizar nuestra autoridad de manera sabia y prudente para con ellas, y, no, indiscriminadamente, lo cual está castigado duramente por Dios; porque el que «toca a una mujer, toca la niña de los ojos de Dios».

Ofrecerá explicaciones bíblicas de cómo fueron diseñadas y para qué. Al entenderlo, el «temor de Jehová» se apoderará de sus corazones, para darle la honra que Dios exige para Su Obra Maestra. Entenderán cuáles fueron las consecuencias del pecado que impactaron su vida. Esto ayudará muchísimo, para no exigirles lo que no son capaces de dar y para no obligarlas a hacer aquellas cosas que denigran la sensibilidad y la delicadeza que Dios les dio.

Los hombres podrán discernir mejor cuándo las fuerzas del mal están operando contra ella y cómo tratan de utilizarlos para destruirla o corromperla.

Para mujeres

Este libro se escribió para mujeres que ignoran cuál es el lugar que Dios les dio en la creación. Levantará sus miradas hacia su Creador. Al leerlo, descubrirán cosas de sí mismas que no imaginaban, y el conocer la verdad de su propia naturaleza las hará libres. Sabrán cuánto poder Dios les dio. Se llenarán de autoridad espiritual y se animarán a enfrentarse a su único y verdadero enemigo: Satanás.

A través de esta revelación bíblica, aprenderán a valorar la hermosa diferencia que existe entre hombre y mujer. Dejarán de luchar por competir y de envidiarlos, descansarán del deseo de ser iguales a ellos y disfrutarán del hecho de ser únicas; de ser «las privilegiadas» de la Creación. Dejarán de criticar a los hombres y de desconfiar de ellos. Descubrirán que los hombres estaban tan perdidos como ellas, por no entender el orden de la Creación, por habernos alejado del diseño original. Querrán jugar el papel que Dios les otorgó cuando se le ocurrió unir a dos seres tan diferentes y creyó que funcionaría, por lo cual dijo, *no es bueno que el hombre esté solo, le haré una ayuda idónea.*

Para jóvenes

Escribí este libro para aquellos jóvenes que quieren, a toda costa, creer en el matrimonio; que se aferran a la idea de que sí puede resultar; que andan buscando modelos de matrimonio para imitar, y desean cumplir en sus vidas el orden que Dios estableció para la creación, cuando diseñó al hombre a *su imagen y semejanza: varón y hembra, los creó*. Para los que quieren descubrir esa armonía que saben que existe, pero que, lamentablemente, no observan en las parejas que los rodean. ¡Entiéndanlo! Nunca podrán llegar a ese lugar, si no comprenden el plan de Dios para la mujer.

A ustedes, jóvenes de fe, los animo a que crean con todas sus fuerzas en las Escrituras, la Palabra de Dios, a que quieran «poner a prueba» lo revelado en la Biblia. Si no han tenido la dicha de ver parejas dignas de imitar, que caminan en los principios del Reino de los cielos, pues traten de caminar por un «camino nuevo», el que Dios trazó desde el principio, que ya no se ve, porque es un camino abandonado. ¡Sean atrevidos!; sabe Dios si, después de ustedes, muchos querrán seguirlos.

Capítulo 1

Las diferencias entre el hombre y la mujer

CAPÍTULO 1

LAS DIFERENCIAS ENTRE EL HOMBRE Y LA MUJER

He descubierto, en mis años de consejería matrimonial, que la mayor dificultad que existe para lograr una verdadera y profunda comunión en la pareja es entender la naturaleza de cada cual. La lucha más grande que, tanto hombres como mujeres, han sostenido es lidiar con sus diferencias. Es precisamente lo que más irritabilidad ha traído a la relación. Según las actitudes que muchas veces se desarrollan a causa de ellas, parece que Dios se hubiera equivocado. ¿No será que hay una sabiduría tan extraordinaria que está lejos de nuestro entendimiento?

La Biblia dice:

> *«Porque mis pensamientos no son vuestros pensamientos, ni vuestros caminos mis caminos, dijo Jehová. Como son más altos los cielos que la tierra, así son mis caminos más altos que vuestros caminos, y mis pensamientos más que vuestros pensamientos»* (Isaías 55:8–9).

Me llamaron mucho la atención las palabras de la Madre Teresa de Calcuta, refiriéndose a la diferencia entre el hombre y la mujer. Veamos:

> *Queridos amigos:*
>
> *Estoy pidiendo la bendición de Dios para todos aquellos que están tomando parte de la IV Conferencia de la mujer, en Beijing. Espero que esta ayude a todo el mundo a conocer, amar y respetar el lugar especial de las mujeres en el plan divino, de manera que puedan cumplirlo en sus vidas.*
>
> *¿Por qué nos hizo Dios a unos, hombres y a otras, mujeres? No entiendo por qué algunas personas dicen que la mujer y el hombre son exactamente lo mismo y niegan las bellas diferencias entre ambos. Todos los dones de Dios son buenos, pero no todos son iguales. A menudo, digo a las personas que me dicen que ellos quisieran servir a los pobres como yo lo hago: "Lo que yo hago tú no lo puedes hacer, y lo que tú haces yo no lo puedo hacer. Pero, juntos, podemos hacer*

algo bello para Dios." Así sucede, también, con las diferencias entre mujeres y hombres.

Dios ha creado a cada uno de nosotros, a cada ser humano, para cosas muy grandes, para amar y para ser amado. Pero ¿por qué nos hizo a algunos, hombres y a otras, mujeres? Porque el amor de la mujer es una imagen del amor de Dios. Y el amor del hombre es otra imagen del amor de Dios. Ambos son creados para amar, pero cada uno de una manera diferente. Mujer y hombre se completan entre sí, y, juntos, muestran el amor de Dios más plenamente que cualquiera de los dos, solo.

¡Qué hermosa visión tan bien integrada! Esto es ver lo creado con los ojos de Dios. Nunca será sabio «cuestionar» (con la connotación de queja) por qué Dios hizo las cosas como las hizo. Es, precisamente, la actitud que nos llevará a alejarnos de la revelación. Debemos tratar de entender la obra de Dios y sus propósitos, buscando *aceptar* el orden dado por Él (no por los hombres); *obedecer* ese orden, o sea, caminar en él, para, entonces, poder discernir entre lo que Dios quiso hacer y el camino que la humanidad ha tomado.

La Madre Teresa continúa diciendo:

Dios nos dijo: "Ama a tu prójimo como a ti mismo". Entonces, primero debo amarme yo mismo correctamente y, luego, amar a mi vecino de igual manera. ¿Pero cómo puedo amarme a mí mismo, a menos que me acepte como fui creado por Dios? Aquellos que niegan las bellas diferencias entre hombres y mujeres no se están aceptando a sí mismos como Dios los creó, y, por lo tanto, no pueden amar a su prójimo. Ellos solamente traerán al mundo división, tristeza y destrucción de la paz. Por ejemplo, como he dicho con frecuencia, en el mundo de hoy, el aborto es el mayor destructor de la paz; y aquellos que quieren borrar las diferencias entre mujeres y hombres están todos a favor de él.

Definitivamente, lo único que provocará el no entender el plan de Dios es desilusión, caos, anarquía, desorden y confusión, tristeza y hostilidad, odio e incomprensión, maltrato y humillación. En fin, todo lo contrario a lo que Dios quiso. Todo, por causa del pecado, por querer tomar el camino de nuestra voluntad, por querer experimentar con lo prohibido, por el deseo de independizarnos de Dios.

La ciencia lo confirma

La misma ciencia ha descubierto y confirmado que no hay comparación entre hombre y mujer. Somos muy diferentes, aun en nuestra fisiología. Son muy interesantes los descubrimientos científicos que revelan la manera en que las mujeres funcionan cerebralmente, en comparación con los hombres.

El siguiente es un informe científico presentado por Bjorn Carey; veamos: *El hombre y la mujer, efectivamente, piensan de modo diferente.*[1]

> De acuerdo con un nuevo estudio, el hombre y la mujer, en efecto, piensan distinto; al menos, en lo que a anatomía del cerebro se refiere.
>
> El cerebro está constituido, principalmente, por dos tipos de tejido, denominados materia gris y materia blanca. Esta nueva investigación nos revela que los hombres piensan más con su materia gris, y las mujeres, con la blanca. Los investigadores enfatizaron el hecho de que los dos sexos piensen de forma diferente no afecta para nada, su desempeño intelectual.
>
> El profesor de psicología Richard Haier, de la Universidad Irvine, de California, condujo la investigación, junto con colegas de la Universidad de Nuevo México. Sus descubrimientos muestran que, comúnmente, los hombres tienen cerca de 6.5 *veces* la cantidad de materia gris relacionada con la inteligencia, en general, en comparación con las mujeres; mientras que ellas poseen casi 10 *veces* la cantidad de materia blanca vinculada con la inteligencia, en relación con los hombres.
>
> «Estos descubrimientos sugieren que la *evolución humana* (énfasis por el autor, quien expresa: «Creo que esta diferencia fue planificada por la

> inteligencia divina y no un accidente de la evolución») ha *creado* dos tipos diferentes de cerebro, diseñados para un comportamiento inteligente de igualdad», dijo Haier. Los resultados están explicados, en detalle, en la versión online de la revista NeuroImage. En el cerebro humano, la materia gris representa centros de procesamiento de información; mientras que la blanca trabaja para enlazarlos, termina el artículo.

¡Gloria a Dios! Me gozo cuando la ciencia descubre las maravillas del diseño de la creación. No sé cuántos se detuvieron a meditar en las palabras de este científico, cuando dijo: «diseñados para un comportamiento inteligente de igualdad». Sin embargo, descubrieron cuán diferente procesan las mujeres todas las cosas, comparado con los hombres. Ellas tienen la habilidad, por diseño, de ver todas las cosas en conjunto, porque la parte de su cerebro que utilizan más es la región blanca, que es la que «enlaza».

En otras palabras, ellas tienden a «enlazarlo todo», a ver todo como un conjunto. Se les hace muy difícil «separar una cosa de la otra». Por eso, en discusiones con sus esposas, muchos hombres las critican, diciendo: *Mujer, ¿qué tiene que ver una cosa con la otra?* ¡Señores, pedirles que lo separe va en contra de su naturaleza! Podrían hacerlo, pero se les va a hacer muy difícil. No me refiero a conductas aprendidas, sino a la forma natural de ser, por diseño. Pedirle a alguien que responda diferente a su forma natural de ser podría ser atropellante.

A veces les digo, bromeando, a algunos hombres que aconsejo:

—¿Sabes cuál es el problema mayor que tienes?

—¿Cuál? —me preguntan, como si fuera a darle la respuesta «mágica».

—Que estás casado con una mujer; —queriéndoles decir, obviamente, que las dificultades que están teniendo son muy naturales; que los conflictos desaparecerían, si decidiéramos *aceptar* a nuestras esposas como son y amar la diferencia, creyendo que «Dios nos hizo distintos, para complementarnos»; que ese complemento sólo es efectivo, si aprendemos a apreciar y a valorar nuestras particulares y respectivas «formas de ser», o sea, las virtudes propias de cada sexo. Al unir y armonizar esas diferencias, seremos mucho más poderosos que si estuviésemos solos, lo cual Dios dijo que «no era bueno».

La sabiduría está en que los hombres se interesen por aprender cómo piensan, sienten y actúan las mujeres; y en que las mujeres hagan lo mismo. Nos vamos a encontrar en algún punto, en medio del camino; él, tratando de acercarse al mundo de las mujeres y ella, al de los hombres. No creo que en ellos deba producirse una feminización, ni en ellas una masculinización, que es lo que parece sugerir la sociedad actual; sino que nos convirtamos en personas sabias, que conocen la naturaleza del sexo opuesto. La forma más efectiva de lograrlo es escuchar con mucha atención, sin defensivas ni argumentos. Aunque nos parezca ridículo lo que oímos, sin sentido e ilógico, la sabiduría está en callar y escuchar, callar y escuchar, creyendo, «por fe», que algo que oigamos en algún momento nos va a hacer «click», y lograremos entender por qué piensa o actúa así. Hasta podrías hacer una oración, en el silencio de tu interior, mientras escuchas a tu cónyuge, pidiéndole al Espíritu Santo que te revele lo que no logras percibir o concebir en tu entendimiento.

Luego que lo(a) entiendas, podrás respetar lo diferente que ella (él) es, y se te hará mucho más fácil incorporar a tu vida las «cualidades particulares» de tu cónyuge.

CAPÍTULO 2

LA CULTURA FAMILIAR

Capítulo 2

La cultura familiar

La cultura familiar tendrá un impacto significativo en los niños, con respecto al desarrollo de su concepto de la mujer.

Necesito hablar de mi trasfondo familiar, porque, en gran medida, fue lo que moldeó mi visión sobre ella. La cultura que nos rodeó, desde nuestra niñez, creó los paradigmas que nos hicieron conceptuarla, según la vimos funcionar y según observamos cómo fue tratada.

Esos ambientes machistas o matriarcales en que nos criamos podrían determinar el lugar que la mujer ocupará en nuestras vidas de adulto.

Quiero aclarar, antes de comenzar a describir mi niñez, que, aunque aquí hago memoria de situaciones muy dolorosas y vergonzosas de mi vida familiar, sobre todo, en la relación con mi padre, Dios ha hecho maravillas restaurando nuestros corazones. Hoy día, puedo decir de él que es un buen padre; amoroso, cariñoso y expresivo. Ha asumido responsabilidad sobre sus errores y ha pedido perdón.

Uno de los frutos que provocó el primer libro que escribí, titulado *Señor, que mis hijos te amen*, fue que cuando mi papá lo leyó, me llamó, profundamente conmovido, y me pidió perdón. Me expresó lo mucho que me amaba, que lamentaba mucho la manera en que se había comportado conmigo. Nuestra relación es excelente y testifico que me siento sano y restaurado por él.

Ahora bien, con el fin de ilustrar cuán profundamente afectan nuestro comportamiento adulto las situaciones vividas en la infancia, tengo que hablar de ese pasado. Es increíble cómo esas experiencias pueden influir en nuestras actitudes hacia la vida y hacia las personas más importantes de nuestro hogar actual. Aun repetimos patrones de conducta de nuestros padres que hemos aborrecido. Veamos:

La formación de mi niñez

Recuerdo haber visto llegar a mi casa a mi papá, en general, tarde o de noche. Era de temperamento colérico, poco afectuoso, poco comunicativo y muy estricto. Como era militar y estaba acostumbrado a ejercer autoridad, se airaba con mucha facilidad, si alguno de nosotros no le obedecíamos inmediatamente. Le teníamos algo de miedo.

Él estableció en nuestro hogar, probablemente sin darse cuenta, un régimen militar. Teníamos que vestir de «punta en blanco», es decir, siempre limpios, con los zapatos lustrados y la ropa planchada. Nuestras habitaciones tenían que estar ordenadas como «barracas militares». Todo en su lugar y derechito, cosa que no critico. Creo que ser estricto o, mejor dicho, disciplinado, es una virtud, siempre que se aplique con mucho amor, ternura y paciencia.

Como los primeros años de casados mis padres vivían en un campamento militar, mi mamá se acostumbró al ambiente y absorbió gran parte de aquella «idiosincrasia». Todo el hogar era casi una extensión de aquella base militar, aún después de habernos mudado a la «civilización normal».

Al principio, mi papá era cariñoso y algo jovial con nosotros. Yo disfrutaba mucho aquellas pocas veces que observaba alguna manifestación de afecto de su parte. No duró mucho tiempo... Si mal no recuerdo, creo que la última vez que de niño tuve algún acercamiento de afecto con él fue como a los cinco o seis años, aproximadamente. Corrí hacia él para abrazarlo sorpresivamente mientras estaba sentado en su sillón; cuando, de repente, siento la palma de su mano en mi pecho empujándome bruscamente. ¡En su rostro se mostraba tanto enojo! Me gritó, diciéndome: «Nunca más vuelvas a hacer eso».

Los machos no abrazan a los machos

Yo estaba confundido, porque no sabía a qué respondía tanta ira. Pensé que, quizás, lo había golpeado con mis zapatos, sin darme cuenta. Le pregunté:

—¿Qué pasó, qué te hice?

Para mi sorpresa, esta fue su respuesta:

—¡Los machos no abrazan a los machos!

Ustedes no pueden imaginar cuán humillante fue para mí aquella contestación. Jamás volví a intentarlo, nunca más quise acercarme a él para darle afecto. Desde ese momento, él se convirtió en la última persona que yo hubiese querido imitar. Disfrutaba cuando lo veía con algún gesto amoroso hacia mi madre, pero fue menguando rápidamente y se convirtió en un hombre huraño, regañón, malhumorado y hostil con todos nosotros; pero, sobre todo, con mi mamá.

Su concepto de la mujer era extraño y tal parecía que tenía algún tipo de prejuicio hacia ellas. Digo esto, porque recuerdo haberlo escuchado hacer comentarios despectivos hacia los hombres que eran cariñosos con sus esposas. Criticaba a sus propios amigos militares, cuando mostraban públicamente acercamientos románticos hacia sus esposas. Decía: «Sabe Dios, si cuando llegan a la casa, las encajan en el puño. Aquí, delante de todo el mundo, los ves: «cuchi cuchi»; pero en sus casas, lo más seguro, las estrujan todas».

¿Es ridículo ser romántico?

Daba la impresión de que ese tipo de trato cariñoso, romántico, de halagos, deferente, de respeto hacia la mujer casada era ridículo, a los ojos de los «hombres». Aclaro, mujer casada; porque cuando se trataba de mujeres solteras, no faltaban las lisonjas y piropos. Algo, en mi interior, no estaba de acuerdo; me impedía sentirlo, pero lo escuchaba de la persona que era mi «modelo» de lo que era ser hombre y esposo.

Las cosas comenzaron a complicarse en mi casa. Las peleas se hacían cada vez más frecuentes. Mi madre perdía el control día a día. Se deprimió y comenzó a proyectar sus frustraciones contra nosotros, los hijos. Se tornó agresiva y excesivamente demandante con nosotros.

Mi hermano mayor evitaba estar en la casa. Mi hermana pasaba todo el tiempo encerrada en su habitación; y yo, el más pequeño, curioseaba durante las discusiones. Me escondía para verlos pelear. Analizaba y pensaba mucho en sus razones. A veces, juzgaba en mi interior quién la tenía, y cómo hubiera podido evitarse esa situación. En mi mucho pensar y pensar, me sumergía en la tristeza. Me hice solitario, retraído y tímido.

Recuerdo que, en una de esas acaloradas discusiones entre mis padres, decidí abrir el armario donde mi mamá guardaba un altar de estatuas religiosas; este nunca me agradó, pero me sentía tan nervioso y temeroso que decidí arrodillarme ante todas esas figuras y rogué que ayudaran a mis padres, que terminaran de reñir. Me daba temor porque ya mi mamá había dado indicios de querer suicidarse, cuando los problemas entre ellos se intensificaban.

En una ocasión, mi papá se puso de mal humor porque mi mamá tardó en salir de la casa y subir al auto. Él era un neurótico del reloj, como «buen militar», y, tan pronto ella entró, comenzó a gritarle insultos, a acusarla y a culparla de ocasionar la demora.

Total, creo que era una actividad social, a la que me parecía de poca importancia llegar algo tarde. En el pico de la discusión, gritando, él golpeó el volante del auto con el puño, mientras nosotros saltábamos, internamente, por el nerviosismo y el temor que nos provocaban esas reacciones violentas. Mi madre no pudo soportar más y decidió abrir la puerta y se lanzó a la carretera, cuando el auto marchaba velozmente ¿Se pueden imaginar el pánico que nos embargó? Los vehículos que venían detrás tuvieron que desviarse. Mi padre detuvo el auto, corrió para levantarla de la carretera, toda ensangrentada. La trajo a fuerza de gritos y la arrojó dentro. Esto es, en resumen, una idea general del ambiente de mi «hogar» de infancia.

Una novia que refresca el ambiente

Mis padres se mudaron a otra ciudad en Puerto Rico, y cuando llegué a la nueva escuela, conocí a Mildred. Ella se hizo mi mejor amiga. Me ayudó a olvidar un poco lo difícil del ambiente en mi familia. Su madre me amó desde que me conoció; bueno, en realidad, ella es así, con todo el mundo.

La alegría de Mildred y su simpatía me cautivaron. Inevitablemente, me fijé en ella y comencé a pretenderla. Fue extremadamente difícil. Me mataba con el asunto de que yo era como el hermano que nunca tuvo, pero «nacarile del oriente», queriendo decir: «nada que ver conmigo, como novio».

Finalmente logré, después de dos largos años, que ella me aceptara. Nos llevábamos muy bien y todo parecía de maravilla. Mi familia la amaba. Éramos el centro de los bailes; en fin, nos disfrutábamos mucho. Pero «algo terrible ocurrió»: un grupo de jóvenes cristianos fueron con música a la escuela, a predicar a Cristo. Mildred fue con sus amigas a bailar los «coritos» evangélicos y terminó convirtiéndose a Cristo. Fue la peor noticia que me había dado, desde que nos habíamos hecho novios. A partir de entonces, busqué todas las estrategias para disuadirla. La invitaba a bailes; y nada. Trataba de inventar algo a la hora de los cultos; y nada. No parecía funcionar ninguna idea, hasta que se me ocurrió ponerla a decidir entre Cristo o yo, pues creía haber cautivado bastante su corazón. Su respuesta fue la siguiente:

—Rey, estoy enamorada de ti y yo estaría dispuesta a casarme contigo, pero, aunque se me destroce el corazón de dolor, yo escojo a Cristo. Yo no dejaré a Cristo por nada ni por nadie.

—No hay que ser tan drástico —le contesté—, podemos llegar a un acuerdo, podemos negociar el asunto.

De ahí en adelante, comencé a visitar la iglesia ocasionalmente, hasta que no pude más. Mildred se había enamorado tanto de Dios, que, por primera vez en mi vida, deseé convertirme a Cristo. Ella había creado en mí hambre y sed de Dios. Yo también quería conocer al Espíritu Santo.

Conocí a Cristo. Experimenté su poder y su amor a tal grado que me entregué a Él con todas mis fuerzas.

¿Qué sabes tú de lo que es estar enamorado?

Nos graduamos en la universidad e, inmediatamente, le comuniqué a mi padre que quería casarme con Mildred. Recuerdo que la primera vez que hablé con él del tema, se rió de tal manera que me pareció que se burlaba. ¡Qué extraño! En esa oportunidad, me sentí incómodo de hablar del amor hacia una mujer. Mi padre, «ejemplo de hombría», me preguntaba, con una sonrisa entre burlona y molesta: «¿Qué sabes tú de lo que es estar enamorado?». Traté de contestarle, y, en efecto, me atreví ser enfático. Parece que se dio cuenta de que era en serio, de modo que me respondió así: «De acuerdo, si has decidido enamorarte y casarte, oye bien el consejo que te voy a dar: A las mujeres hay que tratarlas así (y, con el puño derecho, golpeó su otra mano abierta). Hay que mantenerlas bajo el puño, porque les das un poquito, y quieren tomarlo todo. Si te descuidas, se quedan con todo y te sientan en el baúl».[2]

Imagínense qué decepción sufrí cuando, esperando escuchar un buen consejo, me topo con tal «recomendación». Obviamente, en mi corazón, lo rechacé. Juré en mi interior que jamás sería como él. Prometí que nunca lo imitaría, aunque a él no le agradara mi forma de ser; aunque mi estilo de tratar a mi esposa no cumpliera con su «estándar de lo que es ser hombre».

Recuerdo que mi padre me acompañó al banco, para abrir mi primera cuenta. Cuando el banquero me preguntó a qué nombre se abriría la cuenta, le dije que al mío y al de la que sería pronto mi esposa. Mi padre se molestó y me criticó por incluirla. Según él, «era darle demasiada autoridad, demasiada libertad».

Mi relación con mi esposa

Ya ejercía como pastor del Ministerio Cristiano de las Catacumbas, cuando decidimos casarnos. Muchos confirmaron nuestra relación. Nuestros pastores nos decían que hacíamos una hermosa pareja. Profetas y hermanos, en general, nos respaldaron y declaraban que nuestro matrimonio sería de bendición. Nuestros familiares se gozaban de nuestra decisión de casarnos. En fin, todo nos iba a salir bien.

Comencé a trabajar, al mes de graduado. Todo marchaba tan excelentemente que decidí adelantar la boda, para no estar solo en el pueblo a donde me había mudado por causa del trabajo. Nos casamos bajo bendiciones, arropados de la certeza de que Dios nos utilizaría para abrir una obra, o sea, plantar una nueva congregación en ese pueblo del centro de la isla de Puerto Rico.

Al cabo de unos tres o cuatro meses, la iglesia se estableció. Fue sorprendente cómo, en tan poco tiempo, una nueva iglesia surgía. Éramos dedicados y sacrificados por todo aquello que fuera extender el reino de Dios y ser fieles al llamado.

Mildred, mi esposa, se desprendió de su ambiente familiar y de amistades para acompañarme en la aventura del matrimonio. No había duda de que me amaba y estaba segura de que yo representaba un hombre en quien podía confiar, que cumpliría mis promesas de hacerla feliz. Me creía, cuando con tanta certeza me escuchaba decir que nuestro hogar y nuestro matrimonio serían diferentes a lo que habíamos estado acostumbrados. Nuestros hogares de infancia eran hogares sin Dios, y el nuestro «haría la diferencia».

Pasaron unos meses en los que todo era nuevo. Los cambios nos habían mantenido ese estado interesante de necesitarnos y disfrutarlo todo. Pero empezamos a acostumbrarnos, y, en mi caso, comencé a experimentar disgustos por aquellas cosas que no funcionaban según mis expectativas.

Recuerdo haber llegado a mi casa, después de un día de trabajo, y haber empezado a inspeccionar qué estaba hecho y qué no; y que los regaños y críticas a mi esposa comenzaban a aflorar. Luego, el malestar se apoderaba de mí, desde antes de llegar a la casa, porque ya tenía el prejuicio de cómo encontraría las cosas. En vez de llegar con el deseo de saber de mi esposa y disfrutar ese encuentro después de no habernos visto en todo el día, llegaba frío y me endurecía, a medida que se confirmaban mis prejuicios.

La frustración dio lugar a gritos de acusaciones y de rechazo. Mildred lloraba, y si justificaba lo ocurrido, yo no podía soportarlo. Entonces, arremetía con ira y la hería con palabras insultantes, hasta que ella se desplomaba emocionalmente. Entonces, yo me calmaba y trataba de consolarla. Nos reconciliábamos, pero no duraba mucho tiempo. Era un círculo vicioso.

Capítulo 3

Se repite la historia

CAPÍTULO 3

SE REPITE LA HISTORIA

Definitivamente, las cosas no fueron nada diferentes de lo que yo estuve acostumbrado toda mi vida. Es más, creo que peor, porque el hogar de mis padres —como lo mencioné anteriormente— no conocía a Dios; pero yo, sí; predicaba el amor de Cristo y conocía la doctrina de Jesús que enseña que el que no tiene comunión con su hermano es un mentiroso, y la verdad no habita en él, si se llama cristiano.

> «El que dice: Yo le conozco, y no guarda sus mandamientos, el tal es mentiroso, y la verdad no está en él; pero el que guarda su palabra, en éste verdaderamente el amor de Dios se ha perfeccionado; por esto sabemos que estamos en él.

El que dice que permanece en él debe andar como él anduvo. Hermanos, no os escribo mandamiento nuevo, sino el mandamiento antiguo que habéis tenido desde el principio; este mandamiento antiguo es la palabra que habéis oído desde el principio.

Sin embargo, os escribo un mandamiento nuevo, que es verdadero en él y en vosotros, porque las tinieblas van pasando, y la luz verdadera ya alumbra. El que dice que está en la luz, y aborrece a su hermano, está todavía en tinieblas.

El que ama a su hermano permanece en la luz, y en él no hay tropiezo. Pero el que aborrece a su hermano está en tinieblas, y anda en tinieblas, y no sabe a dónde va, porque las tinieblas le han cegado los ojos» (1 Juan 2:4–11).

Quisiera convertirme en una de tus ovejas

Servíamos a Dios; seguíamos fielmente sirviendo en la iglesia, pero nuestra relación matrimonial no armonizaba con lo que representábamos. Recuerdo una vez en que Mildred me dijo:

—Quisiera dejar de ser tu esposa y convertirme en una de tus ovejas.

—¿Por qué dices eso?— pregunté.

—¡Hay que ver cómo tratas a los miembros de la iglesia! Aun cuando te fallan y cometen pecados, tú los oyes con tanta misericordia y cuando les hablas, lo haces con tanto respeto. Le ministras la Palabra y aunque suene muy fuerte, lo haces con tanto amor y prudencia, que ellos te responden y te permiten que los disciplines. Yo daría cualquier cosa por ser tratada así cuando te disgustas conmigo.

Me chocaron muchísimo sus palabras porque no había podido utilizar un mejor ejemplo para confrontarme y hacerme ver que había un gran problema en mi actitud hacia ella. No podía explicar por qué yo podía ser tan mesurado para manejar asuntos difíciles con otras personas, pero, con ella, no. En cambio, me descontrolaba; sentía la necesidad de herirla. ¿Conducta aprendida? ¿Sería algo espiritual?

Un día, estaba yo en una reunión de la iglesia, oraba y adoraba a Dios, con todo mi corazón. Me sentía tan cerca de Él que lloraba, emocionado, sintiéndome arropado por Su presencia. Fue entonces cuando el Espíritu Santo me habló al corazón, y me dijo:

—Rey, ¡calla!

Sentí su autoridad. Parecía urgente lo que el quería decirme. Tuve la sensación de que el Señor iba a revelarme algo de importancia.

—Dime, Señor, tu siervo escucha— le repliqué con reverencia.

—¡Cállate! No sigas alabándome y catándome como si yo te estuviera escuchando con agrado.

(Me congelé…) —*Pero, Señor, ¿qué hice?*

—Mi corazón está dolido y triste— me confirmó el Espíritu Santo.

—¿Por qué, Señor? ¿En qué te he ofendido?

—Mientras Mildred esté triste, yo estaré triste; mientras haya dolor en su corazón, habrá dolor en el mío.

Rápido, caí en cuenta de lo que había ocurrido. Me había enojado con ella porque se había retrasado en salir de la casa. Yo estaba ansioso porque no quería llegar tarde a la reunión congregacional. Recuerdo que la regañé y le reproché en todo el camino hacia el templo. Ella trató de justificar el porqué de su demora y, entonces, exploté golpeando el volante del auto con el puño. ¿No les suena familiar esta escena?

Entré al templo saludando a todos, como de costumbre. Mi esposa entró como pudo, tratando de componerse después de aquella descarga. Comenzó la música de adoración. Me sentía tan fiel a Dios y tan responsable; sí, porque me esforzaba tanto por cumplir con mis responsabilidades como pastor, aun cuando tenía un trabajo secular tan demandante (me desempeñaba como un ejecutivo de una compañía farmacéutica).

Nada puede justificarlo

Es increíble que el amor de Dios me hubiera arropado de la forma como lo hizo: mientras cantaba, experimentaba una unción tan especial que no podía contener las lágrimas. Cuando, de repente, «el tumbe» de Dios. Quiero aclarar que no me sentí repudiado por Dios, porque aún cuando me reprendía, sentía su ternura. Comprendí que era una confrontación reconciliadora.

No obstante, le dije: «Señor, tú sabes que yo tenía la razón cuando la reprendí, que es importante ser responsables y fieles en nuestro llamado a servir como pastores. Además, si ella fue llamada a servir como "ayuda idónea", pues que se ajuste y me ayude de verdad».

¡Qué atrevido fui al contestarle así al Señor!

Él me dijo: «Nada puede justificar el que te comportes así con ella. Recuerda que todo lo que le hagas a ella, a mí me lo haces».

Veamos lo que dice Mateo 18:1–9:

> «En aquel tiempo, los discípulos vinieron a Jesús, diciendo: ¿Quién es el mayor en el reino de los cielos? Y llamando Jesús a un niño, lo puso en medio de ellos, y dijo: De cierto os digo, que si no os volvéis y os hacéis como niños, no entraréis en el reino de los cielos. Así que, cualquiera que se humille como este niño, ése es el mayor en el reino de los cielos. Y cualquiera que reciba en mi nombre a un niño como este, a mí me recibe. Y cualquiera que haga tropezar a alguno de estos pequeños que creen en mí, mejor le fuera que se le colgase al cuello una piedra de molino de asno, y que se le hundiese en lo profundo del mar.
>
> ¡Ay del mundo por los tropiezos! porque es necesario que vengan tropiezos, pero ¡ay de aquel hombre por quien viene el tropiezo! Por tanto, si tu mano o tu pie te es ocasión de caer, córtalo y échalo de ti; mejor te es entrar en la vida cojo o manco, que teniendo dos manos o dos pies ser echado en el fuego eterno. Y si tu ojo te es

> ocasión de caer, sácalo y échalo de ti; mejor te es entrar con un solo ojo en la vida, que teniendo dos ojos ser echado en el infierno de fuego». Yo añado, con el permiso del Señor, que si tu lengua es ocasión de caer, «córtatela».

Cuando se pierde la autoridad, teniendo la verdad

Esta experiencia me hizo aprender una lección: «Que la autoridad de la verdad se pierde cuando la comunicamos de la manera incorrecta». Hay quienes se enorgullecen expresando que son muy francos al decir las cosas. Lo que a muchos no nos enseñaron es que «la franqueza es una virtud, sólo, cuando se utiliza con prudencia». Nuestras palabras pueden llegar a matar a una persona emocionalmente. Nuestra lengua puede llegar a ser un veneno mortal.

> «Hermanos míos, no os hagáis maestros muchos de vosotros, sabiendo que recibiremos mayor condenación. Porque todos ofendemos muchas veces. Si alguno no ofende en palabra, éste es varón perfecto, capaz también de refrenar todo el cuerpo.
>
> He aquí nosotros ponemos freno en la boca de los caballos para que nos obedezcan, y dirigimos así todo su cuerpo. Mirad también las naves; aunque tan grandes, y llevadas de impetuosos vientos, son gobernadas con un muy pequeño timón por donde el que las gobierna quiere. Así también

la lengua es un miembro pequeño, pero se jacta de grandes cosas.

He aquí, ¡cuán grande bosque enciende un pequeño fuego! Y la lengua es un fuego, un mundo de maldad. La lengua está puesta entre nuestros miembros, y contamina todo el cuerpo, e inflama la rueda de la creación, y ella misma es inflamada por el infierno.

Porque toda naturaleza de bestias, y de aves, y de serpientes, y de seres del mar, se doma y ha sido domada por la naturaleza humana; pero ningún hombre puede domar la lengua, que es un mal que no puede ser refrenado, llena de veneno mortal.

Con ella bendecimos al Dios y Padre, y con ella maldecimos a los hombres, que están hechos a la semejanza de Dios. De una misma boca proceden bendición y maldición. Hermanos míos, esto no debe ser así. ¿Acaso alguna fuente echa por una misma abertura agua dulce y amarga? Hermanos míos, ¿puede acaso la higuera producir aceitunas, o la vid higos? Así también ninguna fuente puede dar agua salada y dulce.

¿Quién es sabio y entendido entre vosotros? Muestre por la buena conducta sus obras en sabia mansedumbre. Pero si tenéis celos amargos y contención en vuestro corazón, no os jactéis, ni mintáis contra la verdad; porque esta sabiduría no es la que desciende de lo alto, sino terrenal, animal,

> diabólica. Porque donde hay celos y contención, allí hay perturbación y toda obra perversa.
>
> Pero la sabiduría que es de lo alto es primeramente pura, después pacífica, amable, benigna, llena de misericordia y de buenos frutos, sin incertidumbre ni hipocresía. Y el fruto de justicia se siembra en paz para aquellos que hacen la paz» (Santiago 3:1–18).

Me arrepentí con tantas fuerzas que me sentí el hombre más miserable del mundo. Me avergoncé mucho de mis actitudes. Miraba a Mildred con bochorno, pensando en cómo había sido capaz de maltratar tanto al ser que más amaba; por eso me dolió mucho la verdad: que no había logrado hacerla feliz... ¡al contrario!

Lo que más me rompía la cabeza era la capacidad de Mildred de servir, de ayudar; de cubrirme sexualmente; de soportarme con paciencia, en amor. Inexplicable.

Un pacto de amor incondicional

Recuerdo que, al llegar a casa, le pedí que fuéramos a nuestra habitación. La senté en la cama, y yo estaba tan impresionado por lo que Dios me había ministrado que me puse de rodillas delante de ella. ¿Se imaginan? ¡Qué acto de humillación tan grande! Yo mismo no lo podía creer.

Levanté mi mano derecha al cielo y le dije: «Mildred, por favor, perdóname. Me arrepiento de haberte hecho sufrir tanto con mis actitudes. Perdóname por gritarte, por criticarte tanto; perdóname por no saber decirte las cosas con paciencia, en amor. Te he humillado con mis palabras y sé que no te he amado como es debido. Oye bien, delante de Dios estoy. Me comprometo en Su presencia a amarte tal y como eres. Por favor, no luches más por cambiar, porque he decidido amarte, aunque nunca cambies aquellas cosas que tanto he criticado. Quiero darte el amor que tú mereces y quiero aprender a darte amor, aun cuando crea que no lo mereces. Me esforzaré por ser cariñoso contigo y llenar tu corazón con el amor de un esposo lleno de Dios. ¡He pecado contra Dios y contra ti...!».

Mildred me observó con una mirada incrédula, pero volvió a darme, «para variar», una oportunidad. Lo próximo, después de esto, no fue fácil.

Comencé a obligarme a darle unos tratos especiales. Créanme que se me hizo muy difícil. Sentía como si hubiera una «fuerza mayor» que me impidiera darle atenciones cariñosas. A veces, sentía que el Espíritu Santo casi me empujaba a darle afecto físico a mi esposa «fuera de horas laborables» (me refiero a momentos en los que no era posible tener intimidad).

«Me siento utilizada»

En una ocasión, mi esposa me dijo que se sentía «utilizada». Creo que ha sido uno de los golpes emocionales más grandes que haya recibido, porque siempre me acerqué sexualmente a mi esposa, por amor. Creo nunca haberla utilizado para complacerme egoístamente. Me dolió porque ya había comenzado a cambiar mi comportamiento. Sin embargo, tuve que comprenderla, ya que los acercamientos románticos que le daba tenían «intereses». Prácticamente, nunca le daba ese trato durante las horas del día. Eso la hacía pensar que mis caricias eran interesadas.

Cuando luché por practicar una «vida cotidiana» de amor, de afecto, de halagos y atenciones cariñosas, me sentí horrible; me sentí «fresita». Como si mi hombría estuviera siendo desgajada por la «insaciable sed» de ser amada de mi esposa. Mi mente entraba en crisis porque sentía que mientras «más amor le daba, más quería», como si fuera un barril sin fondo. En ocasiones, mi corazón se rebelaba, pensando: «pero ¿qué se cree esta mujer, que es algún tipo de reina, que hay que rendirle pleitesía?». No me imaginaba la gran verdad que estaba declarando. Entenderás esto más adelante.

Pero el Espíritu Santo me recordaba, una y otra vez, que todo lo que hiciera por ella, por Él lo hacía. Al sentirme impotente de desplegar ese estilo de vida, aborrecí el día en que nací. Como si quisiera arrancar de mi memoria aquellas vivencias de hostilidad, de enojos, de irritabilidad, ofensas y conflictos no resueltos que aprendí de mis padres.

Resentimientos pasados afectan el presente

El Señor siguió tratando conmigo y me ayudó a entender que acusar a mis padres tampoco iba a solucionar nada, ya que a la medida que yo guardara resentimiento contra ellos, me haría yo mismo incapaz de amar a mi esposa. En otras palabras, que si quería ser un buen esposo, tenía que ser un buen hijo. Esto me obligaba a perdonar a mis padres y a amarlos incondicionalmente, para, así, fortalecer mi carácter y ser más libre para expresar el amor. Pedí perdón a cada uno, por separado, por los sentimientos que abrigué, en silencio, contra ellos. Les pude decir que los amaba, cosa que no recuerdo haber dicho antes; así, cara a cara.

Después de esto, sentía que iba creciendo dentro de mí un potencial, un valor, una disposición para expresar amor a mi esposa. Bien dice la Biblia:

> «(...) porque Dios es el que en vosotros produce así el querer como el hacer, por su buena voluntad. Haced todo sin murmuraciones y contiendas, para que seáis irreprensibles y sencillos, hijos de Dios sin mancha en medio de una generación maligna y perversa, en medio de la cual resplandecéis como luminares en el mundo; asidos de la palabra de vida, para que en el día de Cristo yo pueda gloriarme de que no he corrido en vano, ni en vano he trabajado» (Filipenses 2:13–16).

Seguí luchando y experimenté que cada vez era menos difícil. Orando, el Señor me mostró que había opresiones espirituales de maldad que maquinaban para evitar que el amor se expresara; que, en ocasiones, mis dificultades para asumir esa iniciativa de darle afecto a mi esposa eran de índole espiritual. Esto ahora se añadía a las verdades de mí mismo, que, al reconocerlas, me hicieron libre.

Así dice 1 Juan 3:6–16:

«Todo aquel que permanece en él, no peca; todo aquel que peca, no le ha visto, ni le ha conocido. Hijitos, nadie os engañe; el que hace justicia es justo, como él es justo. El que practica el pecado es del diablo; porque el diablo peca desde el principio. Para esto apareció el Hijo de Dios, para deshacer las obras del diablo. Todo aquel que es nacido de Dios, no practica el pecado, porque la simiente de Dios permanece en él; y no puede pecar, porque es nacido de Dios. En esto se manifiestan los hijos de Dios, y los hijos del diablo: todo aquel que no hace justicia, y que no ama a su hermano, no es de Dios.

Porque este es el mensaje que habéis oído desde el principio: Que nos amemos unos a otros. No como Caín, que era del maligno y mató a su hermano. ¿Y por qué causa le mató? Porque sus obras eran malas, y las de su hermano justas. Hermanos míos, no os extrañéis si el mundo os aborrece. Nosotros sabemos que hemos pasado de muerte a vida, en que amamos a los hermanos. El que no ama a su hermano, permanece en muerte. Todo aquel que aborrece a su hermano es homicida; y sabéis que ningún homicida tiene vida eterna permanente en él. En esto hemos conocido el amor, en que él puso su vida por nosotros; también nosotros debemos poner nuestras vidas por los hermanos».

Tuve que hacer guerra espiritual

Hice guerra espiritual, porque, muchas veces, sentía una acusación en mi mente cuando intentaba ser romántico en público. Era como si Satanás me culpara de ser hipócrita porque, supuestamente, no lo sentía, no me nacía lo que pretendía hacer. Yo luchaba en mi mente con ese argumento, porque no quería ser falso. El Espíritu Santo me decía al corazón: «*Lucha contra eso, porque lo que Satanás llama hipocresía, yo lo llamo obediencia. Obedéceme, por fe, que yo te daré la victoria*».

Obedecía, llevando mis pensamientos cautivos a la obediencia a Cristo. Mira lo que dice en 2 Corintios 10:3–5:

> «Pues aunque andamos en la carne, no militamos según la carne; porque las armas de nuestra milicia no son carnales, sino poderosas en Dios para la destrucción de fortalezas, derribando argumentos y toda altivez que se levanta contra el conocimiento de Dios, y llevando cautivo todo pensamiento a la obediencia a Cristo (...)».

Apliqué este principio y Dios se glorificó en mí. Nuestra vida matrimonial cobró un giro impresionante. Comenzamos a disfrutarnos como nunca. Nuestra vida sexual tomó «dimensiones nunca antes conocidas». ¡Wau! ¿Por qué no desperté antes? ¿Por qué no caí en cuenta antes? ¡Lo que me estaba perdiendo! Lamento no haber recapacitado antes.

Cuántas veces quiso hablarnos

Sabe Dios cuántas veces quiso hablarme, y yo no fui sensible a Su voz. Que Él tenga misericordia del corazón de «fariseo» que llevamos por dentro y que es transformado cuando responde con humildad a la reprensión del Señor.

Es impresionante cómo las Escrituras ahora se me hacen muy claras. Puedo ver lo que antes no podía. Siento al Espíritu Santo enseñándome la Palabra, mostrándome principios bíblicos sobre la relación matrimonial, que me eran ocultos anteriormente.

Un día, en mi casa, retirado en oración y leyendo la Biblia, experimenté como un salto emocional; fui maravillado con la revelación del origen de la mujer y sus propósitos. Según leía el Génesis, más y más cosas se desprendían de las Escrituras. Comencé a escribir y decidí predicarlo. Recuerdo... fue un día de las madres. Quería saber cómo caería esta palabra, y me sorprendí con los resultados. Ese domingo se revolcó la congregación; la bendición de Dios arropó a la iglesia.

Supe que tenía que plasmar esta revelación bíblica en un libro...

Capítulo 4

La creación de la mujer

Capítulo 4

La creación de la mujer

He tratado de imaginarme...el principio de la Creación de Dios, cuando todo estaba en armonía y perfectamente equilibrado. La hermosura de cada detalle de la naturaleza. Cielos espectaculares de...¿azul intenso? (Según algunos científicos, el color del cielo era diferente en el principio); quizás rosado, algunos sugieren. Pero no importa; si ahora son hermosos, entonces, debieron de haberlo sido aún más.

Una tierra fértil, en la que todo crecía vigorosamente, fuerte y saludable, cubierta de fascinantes tonos de verde, adornada con las magistrales pinceladas de las flores revestidas de maravillosos colores. Entonces...¡el huerto de Dios, el Edén! Un magnífico escenario, donde se paseaba aquella primera pareja de humanos, aquel primer matrimonio inigualablemente creado... Conforme a la imagen y semejanza de Dios.

Dice Génesis 2:8–13:

> «Y Jehová Dios plantó un huerto en Edén, al oriente; y puso allí al hombre que había formado. Y Jehová Dios hizo nacer de la tierra todo árbol delicioso a la vista, y bueno para comer; también el árbol de vida en medio del huerto, y el árbol de la ciencia del bien y del mal. Y salía de Edén un río para regar el huerto, y de allí se repartía en cuatro brazos. El nombre del uno era Pisón; éste es el que rodea toda la tierra de Havila, donde hay oro; y el oro de aquella tierra es bueno; hay allí también bedelio y ónice. El nombre del segundo río es Gihón; éste es el que rodea toda la tierra de Cus. Y el nombre del tercer río es Hidekel; éste es el que va al oriente de Asiria. Y el cuarto río es el Éufrates».

No estaban confinados a lugar y espacio. No estaban programados para vivir controlados por su Creador. ¡No! Eran libres para moverse y disfrutar. Eran los señores de la creación.

> «Entonces dijo Dios: Hagamos al hombre a nuestra imagen, conforme a nuestra semejanza; y

señoree en los peces del mar, en las aves de los cielos, en las bestias, en toda la tierra, y en todo animal que se arrastra sobre la tierra. Y creó Dios al hombre a su imagen, a imagen de Dios lo creó; varón y hembra los creó. Y los bendijo Dios, y les dijo: Fructificad y multiplicaos; llenad la tierra, y sojuzgadla, y señoread en los peces del mar, en las aves de los cielos, y en todas las bestias que se mueven sobre la tierra.

Y dijo Dios: He aquí que os he dado toda planta que da semilla, que está sobre toda la tierra, y todo árbol en que hay fruto y que da semilla; os serán para comer. Y a toda bestia de la tierra, y a todas las aves de los cielos, y a todo lo que se arrastra sobre la tierra, en que hay vida, toda planta verde les será para comer. Y fue así. Y vio Dios todo lo que había hecho, y he aquí que era bueno en gran manera. Y fue la tarde y la mañana el día sexto» (Génesis 1:26–31).

Incluso, tenían la capacidad para decidir entre obedecer a Dios o no. Él puso el árbol de la ciencia del bien y del mal en el huerto, para probar su libertad. Esa libertad de voluntad otorgada hizo de la creación algo perfecto.

«Tomó, pues, Jehová Dios al hombre, y lo puso en el huerto de Edén, para que lo labrara y lo guardase. Y mandó Jehová Dios al hombre, diciendo: De todo árbol del huerto podrás comer; mas del árbol de la ciencia del bien y del mal no comerás; porque el día que de él comieres, ciertamente morirás» (Génesis 2:15–17).

La serpiente

¡De repente... se escurre una rara criatura de movimientos tan lentos y cuidadosos que parecía extraña, dentro de aquel ambiente divino de sorprendente armonía!

Pero ¿qué sentido tenía preocuparse ante tan perfecto hábitat de paz y seguridad? En un mundo donde no se conocería la muerte, cuyo Creador se paseaba juntamente con ellos. ¿Qué podría representar un peligro? ¡Nada! Por lo tanto, nadie se percató de sus intenciones.

Digo que esta criatura parecía extraña porque mientras todos parecían pasearse como extasiados, contemplando alrededor toda la majestuosa naturaleza recientemente creada, ella parecía clavar su mirada en una sola cosa..., en la *mujer.* ¡Había tantas cosas bellas en la naturaleza para admirar!; sin embargo, aquella maliciosa criatura solo tenía ojos para una. Observaba sigilosamente a aquel último ser viviente creado, el ser que selló la creación: la *mujer.* Nada más lograba entretenerla ni llamarle la atención. Nada interrumpía su concentración. Pasaba muchas horas observando cada uno de sus movimientos. Parecía estudiar cómo se desenvolvía con su compañero, cuánto tiempo pasaba con él. En qué ocasiones hablaban con el Creador, cuánto tiempo pasaba a solas y dónde. Hasta que llegó el momento preciso para ejecutar su plan.

Por alguna razón, inexplicable hasta ese momento, la serpiente parecía sólo querer destruir a la mujer. Aparentemente, sólo ella estaba en su objetivo fatídico. Sabía que tendría una sola oportunidad para lograrlo, por causa de la autoridad de su marido y de su Dios. Por lo tanto, aprovechó un rato de soledad; lo planificó muy cautelosamente y... ¡dio el golpe de muerte!

No se apresuró; solo calculó estratégicamente cuándo sería el momento ideal y el estilo más efectivo para hacer el acercamiento fatal.

> «Pero la serpiente era astuta, más que todos los animales del campo que Jehová Dios había hecho; la cual dijo a la mujer: ¿Conque Dios os ha dicho: No comáis de todo árbol del huerto?»
>
> —Génesis 3:1

¿Su plan? Solo incitarla a desobedecer al Soberano Todopoderoso del Universo, que se había deleitado tanto en crearla. La serpiente solo quería infectarla con el «virus de la independencia», que la llevaría a la muerte. Satanás entretejió su plan, para que del primero y único golpe pudiera lograr sus objetivos. No fue agresivo, sino sutil. No desmintió a Dios inicialmente, solo lo cuestionó: «¿Conque Dios os ha dicho: No comáis de todo árbol del huerto?».

Luego, lo contradijo. *«Entonces la serpiente dijo a la mujer: No moriréis»* (Génesis 3:4). No negó el mandato de

Dios, solo puso en duda sus intenciones al prohibir el fruto del árbol de la ciencia del bien y del mal; verso 5 «(...) *sino que sabe Dios que el día que comáis de él, serán abiertos vuestros ojos, y seréis como Dios, sabiendo el bien y el mal*». La serpiente le insinúa que Dios quiere evitar que logren ser como Él, y que esto sucedería, si comían de ese fruto.

Con sus maliciosos argumentos, logró que la mujer no se conformara con ser semejante a Dios, sino que quisiera ser igual y entender el bien y el mal. Satanás sabía que el único que puede tener este conocimiento del bien y del mal, sin corromperse, es Dios.

Que la mujer codiciara una mayor grandeza

Esta era, precisamente, su meta: «que la mujer codiciara una mayor grandeza, que se rebelara contra la autoridad de Dios y se corrompiera, por la entrada del pecado». La mujer deseó ese estatus de independencia, comió lo prohibido y, como descubrió que no cayó muerta físicamente, no percatándose del desastre espiritual que se estaba desarrollando, persuadió a su marido para que comiera. Según ella, ahora ambos podían tener dominio de sus propias vidas.

Lo que Dios quería evitar cuando estableció reglas de sujeción, ocurrió: «se le abrieron los ojos a ambos, y lo que era puro se corrompió, a causa de la conciencia (conocimiento) de pecado». Por primera vez, la desnudez se convirtió en algo vergonzoso, por lo que tuvieron que cubrirse; sintieron temor y se escondieron del Altísimo, aumentando, así, su desgracia. Ahora, el pecado traería debilidad de carácter. Pronto se haría notorio que el hombre había perdido esa semejanza con su Creador.

> «Y oyeron la voz de Jehová Dios que se paseaba en el huerto, al aire del día; y el hombre y su mujer se escondieron de la presencia de Jehová Dios entre los árboles del huerto. Mas Jehová Dios llamó al hombre, y le dijo: ¿Dónde estás tú? Y él respondió: Oí tu voz en el huerto, y tuve miedo, porque estaba desnudo; y me escondí» (Génesis 3:8–10).

El encuentro con Dios era inevitable porque, ¿quién podrá esconderse de su presencia?"

Entonces, Dios le pidió cuentas a Adán, y el pecado pronto dio su fruto. Éste acusó o culpó a su mujer:

> «(...) ¿Has comido del árbol de que yo te mandé no comieses? Y el hombre respondió: La mujer que me diste por compañera me dio del árbol, y yo comí» (v. 11 y 12).

Satanás disfrutaba del resultado de su plan. Aunque se aumentó su maldición, ya que en su cuerpo terrenal, como serpiente, ahora tendría que arrastrarse por la tierra para moverse, había logrado su más grande sueño: destruir la gloria de aquella mujer que había sellado la creación con su hermosura y sus extraordinarias capacidades divinas.

¿Por qué Satanás escogió a la mujer para tentarla?

Siempre me he preguntado esto. Lo hacía, porque, por mucho tiempo, escuché especulaciones sobre qué fue lo que ocurrió en el Edén y por qué. Creía que la Escritura tenía que tener alguna revelación que explicara el motivo por el que Satanás no escogió un momento preciso para tentar a Adán y prefirió esperarlo, para tentar a Eva.

¿Por qué tentar a Eva y no a Adán? ¿Qué habrá visto en Eva que le pareció estratégico para atacarla? Satanás siempre ha sido un ser sumamente hábil. Todo lo que las Escrituras enseñan de él es que no es tonto, sino astuto, y que, siempre que ataca, lo hace planificadamente. Algo especial había en la mujer que atrajo tanto su interés; algo poseía la mujer que hacía que el golpe fuera genial. ¿Habrá sido porque la mujer es débil? Esa es la pregunta que quizás muchos se han hecho. Si de algo estoy seguro es de que Satanás tenía un plan muy personal contra la mujer. Creo que abrigó en su corazón el objetivo de destruirla, porque había algo muy personal entre él y ella.

¿Quizás, Satanás había descubierto que la mujer tenía características o atributos de su creación, que resultaban peligrosos para los intereses del reino de las tinieblas? ¿Acaso la mujer era una amenaza para los propósitos del diablo? ¿Tal vez, era un asunto de orgullo o de celo, como si la mujer estuviera tomando en la tierra el lugar equivalente que tenía Lucifer en el cielo? ¿O concluimos en que la razón principal fue que la consideró débil y, por consiguiente, más fácil de persuadir?

¿Por ser ella débil o por celo?

Yo no estoy de acuerdo con esto último. No soy teólogo certificado ni pretendo serlo, pero, he aquí, mi exégesis:

En el libro de Génesis, en el capítulo uno, se describe la Creación. La Biblia revela que todas las cosas creadas fueron hechas en seis días, y que todo ser viviente fue creado por la Palabra, utilizando la *materia prima* existente. Veamos:

> «Después dijo Dios: Produzca la tierra hierba verde, hierba que dé semilla; árbol de fruto que dé fruto según su género, que su semilla esté en él, sobre la tierra. Y fue así. Produjo, pues, la tierra hierba verde, hierba que da semilla según su naturaleza, y árbol que da fruto, cuya semilla está en él, según su género. Y vio Dios que era bueno» (v. 11).

Dijo Dios: *Produzca la tierra.* En otras palabras, aunque todas las cosas fueron creadas por la Palabra, esta utilizó *la tierra* para producir hierba verde; Dios tomó tierra como materia prima y creó toda clase de hierbas verdes y árboles de fruto. Dicho sea de paso, esto es científicamente probado debido a que todos los componentes químicos y elementos que se encuentran en el ser humano y en los organismos del reino vegetal y animal están presentes en la tierra.

Hubo otra materia prima utilizada en la Creación:

> «Dijo Dios: Produzcan las aguas seres vivientes, y aves que vuelen sobre la tierra, en la abierta expansión de los cielos. Y creó Dios los grandes monstruos marinos, y todo ser viviente que se mueve, que las aguas produjeron según su género, y toda ave alada según su especie. Y vio Dios que era bueno. Y Dios los bendijo, diciendo: Fructificad y multiplicaos, y llenad las aguas en los mares, y multiplíquense las aves en la tierra. Y fue la tarde y la mañana el día quinto».

Observen que Dios, en esta ocasión, utilizó otra materia prima para crear organismos del reino animal, como los peces: *el agua*. También utilizó *el agua* para la creación de las aves. Se ha probado científicamente que los peces y las aves tienen una similitud genética, razón por la cual, los evolucionistas consideran que ellas son el resultado evolutivo de los peces, o sea, que surgieron de estos, en la cadena evolutiva. Pero la Biblia tiene mejores explicaciones que las que ofrecen los científicos.

> «Luego, dijo Dios: Produzca la tierra seres vivientes según su género, bestias y serpientes y animales de la tierra según su especie. Y fue así. E hizo Dios ***animales*** de ***la tierra*** según su género, y ***ganado*** según su género, y t***odo animal que se arrastra sobre la tierra*** según su especie. Y vio Dios que era bueno.» (énfasis añadido).

Sería interesante saber cuál fue la composición del hombre cuando fue creado. ¿Qué materia prima utilizó Dios para crear al hombre?

> «Entonces Jehová Dios formó ***al hombre*** del ***polvo de la tierra***, y sopló en su nariz aliento de vida, y fue el hombre un ser viviente» (Génesis 2:7).

Del polvo de la tierra

Dios formó al hombre del «polvo de la tierra». Del relato bíblico, se desprende la información del uso de la materia prima para la creación del hombre. Mientras los animales fueron creados de la tierra, el hombre, del polvo de la tierra. Hasta ahora, no vemos diferencias significativas en la creación del hombre, frente a la del reino animal y vegetal en general.

Sin embargo, existe una extraordinaria y significativa diferencia entre la naturaleza de la creación de la mujer, comparada con la de cualquier otro ser viviente. Observemos en estos versículos cómo fue creada, de qué fue creada y cuál es la composición de la mujer, desde el momento en que fue creada.

> «Y puso Adán nombre a toda bestia y ave de los cielos y a todo ganado del campo; mas para Adán no se halló ayuda idónea para él. Entonces Jehová Dios hizo caer sueño profundo sobre Adán, y

> mientras éste dormía, tomó una de sus costillas, y cerró la carne en su lugar. Y de la costilla que Jehová Dios tomó del hombre, hizo una mujer, y la trajo al hombre. Dijo entonces Adán: Esto es ahora hueso de mis huesos y carne de mi carne; ésta será llamada Varona, porque del varón fue tomada» (Génesis 2:20–23).

Hay que concluir, sobre la base de este pasaje bíblico, que la mujer es el *único ser viviente* que existe sobre la faz de la tierra que no fue creado de la *tierra*, ni del polvo; tampoco del *agua*. Estos componentes habían sido utilizados, hasta ahora, para producir todo lo creado. La materia prima que empleó Dios para crear a la mujer fue *hueso y carne*. Por lo tanto, tenemos que aceptar que la mujer es el *único ser viviente, en todo el cielo y la tierra y debajo de la tierra*, que no fue creada del polvo de la tierra o del agua, sino de *materia viva*. Hasta ese momento, lo creado había sido producido de materia inerte; materia muerta, y Dios le impartió vida, luego de creado.

Anteriormente a la mujer, nada había sido creado de materia viva. Ahora aparece, por primera vez, sobre la creación, un ser creado de manera diferente, lo que la hace distinguirse como algo muy especial entre todos los seres vivientes.

¡No hay ser creado parecido a ella!

Creo que toda la creación se maravilló el día en que esto sucedió. Supongo que hasta los ángeles del cielo se preguntarían cómo sería ese ser, cuando Dios decidió crearla, utilizando un procedimiento tan diferente a todo lo demás. Esa materia viva con que fue creada es muy superior al polvo y al agua. ¡No hay ser creado parecido a ella!

Había que considerar obvio que todo lo anterior le había impartido a la mujer unas características tan sobresalientes que en cualidades y atributos la sacaban de la norma. Por causa de la naturaleza de su creación, podemos concluir en que no hay ser viviente, en todo el universo, que sea semejante a ella. Vale el esfuerzo de investigar cuáles son esas cualidades que Dios impartió en su naturaleza.

Podemos tener dos piezas de artesanías perfectamente hechas, igualmente manufacturadas por el mismo artesano. Ambas, exquisitamente trabajadas, para mostrar toda la belleza de la madera con que fueron hechas. Una de ellas, de roble; la otra, de caoba; y la tercera, de pino. Una cosa es una pieza de artesanía hecha de caoba o roble y otra cosa es una pieza hecha de pino.

Sabemos que, aunque el pino tiene su belleza particular, el roble y la caoba tienen unas características que los hacen más duraderos, además de hermosos. Hay cosas que se pueden elaborar de la caoba o el roble, que no se pueden sacar del pino. Traigo esta ilustración, para que tratemos de comprender que la mujer es como una pieza de artesanía hecha de la mejor madera, de la más duradera; con características hermosísimas de detalles únicos.

¿Qué debería representar, para el hombre, la creación de la mujer? Yo creo que una manifestación gloriosa, sin precedentes, del amor de Dios hacia Adán. Me explico:

volvamos, pues, a la creación de los animales del campo; por ejemplo: las aves y sus respectivas parejas fueron formadas del agua. ¿Recuerdan que la Escritura enseña que toda ave alada fue creada del agua? Los animales terrestres, de la tierra; y sus parejas, también.

Del varón fue tomada

Sin embargo, cuando Dios fue a crearle una compañera a Adán, no quiso utilizar la misma materia con que éste fue formado. Dios quiso «lucirse» en la confección de este regalo; quiso crearla extraordinariamente diferente. Cuando Dios sacó la costilla del costado de Adán, hubo hueso, carne y sangre en el procedimiento. Por eso dijo Adán: «Esto es ahora *hueso de mis huesos y carne de mi carne;* ésta será llamada Varona, porque *del varón fue tomada*» (énfasis del autor).

Cuando Jehová Dios pensó en bendecir al hombre con una compañera, quiso crearla con una materia prima muy superior a la que había empleado para él. Tampoco quiso utilizar la misma que había empleado para las compañeras de los otros animales. No la tomó del polvo, la sacó de Adán mismo. En otras palabras, *la mujer es la obra maestra de la creación; es la pieza artesanal más cara y más sofisticada que jamás se haya creado. La mujer rompe todos los estándares de producción en todo lo creado sobre la faz de la tierra, por lo que la convierte en algo sin comparación; por lo menos, en el contexto de lo terrenal.*

¿No creen que un regalo así sea producto del enorme amor de Dios por el hombre? Dios quiso complacerlo;

quiso identificar sus necesidades y ofrecerle algo que se ajuste perfectamente para complementarlo. Dios le diseñó una compañera que le fuera útil, que le ayudara y le facilitara la vida; una mujer versátil, capaz de apoyarlo en todas las áreas. Una esposa que añadiera placer a su vida y que lo enriqueciera como hombre. Ese regalo que Dios le dio al hombre se llama: la mujer.

Un defecto en la mujer

Quisiera compartir con usted una hermosa ilustración de autor desconocido, que llegó a mis manos y al leerla me cautivó por lo maravilloso de su descripción:

> Cuando Dios hizo a la mujer, ya estaba en su sexto día de trabajo. Un ángel apareció y le preguntó:
>
> —¿Por qué le dedicas tanto tiempo?
>
> —¿Has visto mi Hoja de Especificaciones para ella?— respondió el Señor.
>
> «Debe ser completamente lavable, pero no de plástico. Tener más de 200 piezas movibles, todas cambiables, y ser capaz de funcionar con una dieta de cualquier cosa y sobras. Tener un regazo que pueda acomodar cuatro niños al mismo tiempo, y un beso que pueda curar desde una rodilla raspada hasta un corazón roto; y lo hará todo con solamente dos manos.»
>
> —Solamente dos manos... ¡Imposible! ¿Y este es solamente el modelo estándar? Es demasiado

trabajo para un día... Espera hasta mañana para terminarla— se maravilló el ángel.

—No lo haré,—protestó el Señor. "Estoy tan cerca de terminar esta creación que es mi favorita y nace de mi propio corazón. Ella se cura sola cuando está enferma y puede trabajar 18 horas por día."

El ángel se acercó más y tocó a la mujer.

—Pero la has hecho tan suave, Señor.

—Es suave, —dijo Dios—, pero la he hecho también fuerte. No tienes idea de lo que puede aguantar o lograr.

—¿Será capaz de pensar?, —preguntó el ángel.

—No solamente será capaz de pensar, sino de razonar y negociar, —Dios contestó.

El ángel entonces notó algo, y estirando su mano tocó la mejilla de la mujer.

—Señor, parece que este modelo tiene una fuga... Te dije que estabas tratando de poner demasiadas cosas en ella.

—Eso no es ninguna fuga... es una lágrima, —lo corrigió el Señor.

—¿Para qué es la lágrima?, —preguntó el ángel.

—Las lágrimas son la manera de expresar su dicha, su pena, su desengaño, su amor, su soledad, su sufrimiento, y su orgullo, —dijo Dios.

Esto impresionó mucho al ángel, que dijo:

—Eres un genio Señor, pensaste en todo. La mujer es verdaderamente maravillosa.

—¡Lo es! La mujer tiene fuerzas que maravillan a los hombres. Soportan dificultades, llevan grandes cargas, pero tienen felicidad, amor y dicha.

Sonríen cuando quieren gritar. Cantan cuando quieren llorar. Lloran cuando están felices y ríen cuando están nerviosas. Luchan por lo que creen. Se enfrentan a la injusticia. No aceptan «no» por respuesta cuando creen que hay una solución mejor. Se privan para que su familia pueda tener. Van al médico con una amiga que tiene miedo de ir sola. Aman incondicionalmente. Lloran cuando sus hijos triunfan y se alegran cuando sus amistades consiguen premios. Son felices cuando escuchan sobre un nacimiento o una boda. Su corazón se rompe cuando muere una amiga. Sufren con la pérdida de un ser querido, sin embargo son fuertes cuando piensan que ya no hay más fuerza. Saben que un beso y un abrazo pueden ayudar a curar un corazón roto. Sin embargo, hay un defecto en ellas: «¡Se olvidan cuánto valen!»

Capítulo 5

Con ella, Dios selló la creación

CON ELLA, DIOS SELLÓ LA CREACIÓN

La Biblia no registra que algo adicional se haya creado, después de la mujer. Esta se convirtió en la última criatura que Dios creó en todo el universo. Después de la mujer, nada más ha sido creado. Con ella, Dios selló la creación; por lo tanto, ella cerró la obra creadora de Dios. La mujer fue la última pieza, la que puso fin a la creación. Aquí, el sello significa que con ella se estampó la firma del creador de todo lo que existe, como hace un pintor para identificar su obra; Dios da el último toque, adornando el universo con un sello: la mujer que, junto con su esposo, forman la firma de Dios, manteniendo visible la imagen y semejanza de la Deidad sobre la tierra.

> «*Entonces dijo Dios: «Hagamos al hombre a **nuestra** imagen, conforme a **nuestra** semejanza; y tenga potestad sobre los peces del mar, las aves de los cielos y las bestias, sobre toda la tierra y sobre todo animal que se arrastra sobre la tierra». Y creó Dios **al hombre a su imagen, a imagen de Dios lo creó; varón y hembra los creó***» (Génesis 1:26–27 énfasis del autor).

En otras palabras, no hay nada más parecido a Dios sobre la tierra que la unión de un varón con su esposa. Esos dos seres, juntos, muestran una imagen semejante a Él. Es ella, precisamente, quien le otorga ese sentido de plenitud y de realización al hombre, que lo asemeja a Dios, en adición a todas las virtudes que Él puso en las mujeres que, ahora, se suman a las capacidades extraordinarias que posee *el matrimonio*.

La soledad de Adán

¿Por qué Dios habrá creado al hombre solo, para luego decir que esto no era bueno? Después de formarlo, le prometió que le haría una ayuda idónea. Sin embargo, no lo hizo inmediatamente, sino que le ordenó que le pusiera nombre a cada animal creado.

Veamos, en Génesis 2:18–20:

> «Y dijo Jehová Dios: No es bueno que el hombre esté solo; le haré ayuda idónea para él. Jehová Dios formó, pues, de la tierra toda bestia del

> campo, y toda ave de los cielos, y las trajo a Adán para que viese cómo las había de llamar; y todo lo que Adán llamó a los animales vivientes, ese es su nombre. Y puso Adán nombre a toda bestia y ave de los cielos y a todo ganado del campo; mas para Adán no se halló ayuda idónea para él».

Observen que Adán todavía estaba solo, cuando tuvo que asignarles nombres a todos los seres vivientes de la tierra. Fue haciéndolo, con cada pareja de animales, y los observaba retirarse juntos; mas, para él, no se había creado una compañera, una ayuda idónea. ¿Pueden imaginar la cantidad de animales que pasaron por la primera mesa de registro demográfico que existió en la tierra, para que Adán pudiera determinar el nombre con que serían llamados? Pero Adán todavía no contaba con una compañera.

Si hubo alguien que experimentó por sí mismo, que descubrió y llegó a la conclusión de que no era bueno estar solo, fue Adán. El proceso de haber despedido a tantas parejas de animales, sin que para él hubiese una compañera, tuvo que hacerlo valorar la necesidad de una ayuda idónea, de alguien con quien interrelacionarse, a quien amar, con quien formar una familia, con quien pudiera compartir intimidad emocional, espiritual y física.

Para que apreciara el regalo de Dios

Este largísimo proceso fue muy necesario para que, cuando Dios se la entregara, Adán pudiera *valorar y apreciar* la clase de regalo que Dios le había dado. No podía dar por sentado nada; ella sería «extraordinariamente especial» como para que la diera por *natural o común*. Definitivamente, no iba a ser común, ni natural; por lo menos, como se conocía la naturaleza humana hasta el momento. Ella iba a ser única y súper especial. Por eso Adán tuvo que «padecer su necesidad», para que valorara, cuando llegara, el extraordinario regalo que Dios le había preparado.

Dios hizo lo mismo con Abraham, para que aprendiera a valorar el regalo más grande que quería ofrecerle: un hijo. Él quería convertirlo en el padre modelo de la humanidad y constituirlo en el hombre en el cual «todas la familias de la tierra fuesen bendecidas». Tuvo que pasarlo por un proceso: el de *valorar el regalo* antes de recibirlo. ¿Qué hizo que esto sucediera? Los más de veinticinco años que estuvo esperando por la promesa.

Hablando de Adán y de Abraham, cuando estos agonizaban de anhelo y deseos por sus respectivas peticiones, entonces, Dios los bendijo con la promesa. Estos regalos eran muy valiosos para Él, como para entregarlos ligeramente y fuera del tiempo necesario para que los bendecidos lo apreciaran.

Cada vez que un evento de la creación se daba, Dios lo observaba y lo declaraba bueno. Por ejemplo, cuando creó la hierba y los árboles, la Biblia dice que: «Dios vio que era bueno». Cuando creó a los animales también dice: «vio Dios que era bueno». Todo fue bueno «hasta que creó al varón».

Cuando, por primera vez, se menciona que algo de la creación no era bueno, fue cuando creó al hombre, porque

Dios declaró que no era bueno que él estuviera solo. Aunque sigo creyendo que Dios creó al varón perfecto, no obstante, estábamos incompletos. Algo nos faltaba para asemejarnos a Dios. Quiere decir que el hombre fue creado perfecto, pero con una debilidad temporal: necesitaba una mujer para que se completara la imagen de Dios en él. Ella lo haría invencible.

El mundo ha enseñado que el sexo débil es la mujer, por la diferencia en masa muscular que existe entre el hombre y ella, pero creo que ese no debería ser el único criterio que se use para determinar debilidad. Si Satanás iba a atacar estratégicamente a alguien, debió haber sido al varón soltero, por cuanto era débil o estaba incompleto, ya que su estado no era el óptimo y representaba una presa fácil de atacar. Acordémonos de que la lucha de Satanás contra el hombre nunca iba a ser física, sino «intelectual».

La mujer, la más codiciada presa o botín de guerra

Entonces, ¿por qué Satanás no intentó algo contra el hombre? ¿Por qué dejó quieto a Adán durante el tiempo que estuvo solo? Tenemos que volver a preguntarnos, ¿por qué Satanás esperó la creación de la mujer para usurpar el poder y el dominio de la tierra? ¿Por qué la mujer representaba su más codiciada presa o botín de guerra?

Aparentemente, Dios le dio a la mujer algo muy especial, algunas capacidades muy específicas que la hicieron la pieza idónea para fortalecer al varón y capacitarlo para convertirse en el rey de la creación, en un hombre literalmente «fuera de este mundo».

Es precisamente la mujer la que completa, en el varón, la imagen y semejanza con su Creador, la que hace posible que el hombre se parezca tanto a Dios en imagen y semejanza, tal como Jehová, el Dios trino, lo declaró en el momento de crearlo.

Veamos, en Génesis 1:26–28:

> «*Entonces dijo Dios: Hagamos al hombre a nuestra imagen, conforme a nuestra semejanza; y señoree en los peces del mar, en las aves de los cielos, en las bestias, en toda la tierra, y en todo animal que se arrastra sobre la tierra. Y creó Dios al hombre a su imagen, a imagen de Dios lo creó;* ***varón y hembra*** *los creó. Y los bendijo Dios, y les dijo: Fructificad y multiplicaos; llenad la tierra, y sojuzgadla, y señoread en los peces del mar, en las aves de los cielos, y en todas las bestias que se mueven sobre la tierra*» (énfasis del autor).

Ahora, volvamos a hacernos la pregunta, ¿por qué Satanás no atacó al hombre mientras éste estuvo solo? Si Dios había dicho que no era bueno que el hombre estuviera solo, ¿por qué no aprovechó ese momento? ¿No les parece estratégico atacar antes de que recibiera la ayuda, antes de que se complementara el hombre con la parte que completaría la imagen y semejanza de Dios? ¿Por qué no lo hizo?

¿No sería que la meta diabólica, el objetivo satánico, la lógica del rey de las tinieblas era destruir algo mejor que el hombre? En otras palabras, tal parece que quiso dar el golpe contra lo mejor de la creación. (Ofrezco otras explicaciones muy interesantes en el próximo capítulo.)

La mujer es lo mejor de la creación

Con lo anterior, estoy declarando, en mi *opinión personal*, que la mujer es lo mejor de la creación; que, en diseño, en dotes, virtudes y capacidades, la mujer es lo más sofisticado y capaz de la creación, la obra maestra de Dios. Cuando Dios quiso dar una compañera al hombre, la dotó con capacidades mayores que las del hombre, para hacer de ella una ayuda idónea, para que se convirtiera en una bendición especial para él.

¿Por qué digo que la mujer es un ser con mayores capacidades que el hombre? Es interesante estudiar las cualidades que la distinguen, que los científicos han descubierto y cuyo origen han explicado. ¿Recuerdan el artículo que cité al principio de este libro? La ciencia determinó que, aunque ambos tienen la misma inteligencia, la mujer tiene diez veces más la cantidad de materia cerebral relacionada a la inteligencia, mientras que los hombres tienen seis veces y media. En otras palabras, la mujer tiene una extraordinaria capacidad para bendecir la vida de un hombre; solo que, aparentemente, ésta florece, a medida que ella es amada, apreciada y valorada, con la visión de Dios.

Como mencioné anteriormente, el único ser en cuya formación se utilizó «hueso», «carne» y «sangre» fue la mujer. ¿Cómo le impartió esta materia prima una naturaleza privilegiada? Veamos mis sugerencias:

Deseo aclarar que estas son opiniones muy personales. No quisiera que los teólogos consideraran que estoy torciendo la interpretación bíblica, ya que yo soy el primero en reconocer que la Biblia no es muy específica en cuanto a lo que aquí comparto. Estas son especulaciones mías derivadas de hechos bíblicos, con las que, no necesariamente, tenemos que estar de acuerdo, ya que no las presento como doctrina. ¡Gracias!

Además, quisiera aclarar que, en todo este libro, hablo de la mujer, en general. Siempre habrá excepciones. El hecho de que las mujeres más significativas de su vida no se parezcan a las aquí descritas no significa que, en general, no sean así. Hay un refrán que dice: ¡Donde quiera se cuecen habas!

En algunos casos, cuando una mujer no se parece a la diseñada por Dios, es porque el pecado la ha deteriorado y la hizo perder esas características únicas, propias de las mujeres. En otros casos, pues, quizás, «mutantes». Sabe Dios..., pero son excepciones.

Naturaleza privilegiada de la mujer

El hueso: le otorgó capacidad de *resistencia*.

1. ¿Quién no está de acuerdo conmigo en que la mujer, por ejemplo, *resiste los dolores* más y mejor que los

hombres? ¡Que lo digan las enfermeras! ¿Verdad? ¡Cómo los hombres le huyen a las agujas! ¿Cuántos hombres se desmayan cuando ven sangre, comparado con las mujeres?

2. Son, orgánicamente, más resistentes contra las crisis de salud. Las niñas nacidas prematuramente soportan mejor y *sobreviven más.* Los varones prematuros son mucho más delicados y el riesgo de mortalidad es mayor.

3. Hay ciento cinco mujeres viviendo, por cada cien hombres.

4. Son más capaces de resistir el estrés del trabajo.

5. Trabajan incansablemente cerca del reloj. Aunque estén cansadas, sacan fuerzas de donde no las tienen para servir a aquellos que aman.

6. Son más capaces de trabajar, sin necesidad de diversión.

7. Resisten mejor la depresión y el maltrato. Son más capaces de soportar con paciencia y seguir amando, incluso, a sus heridores.

8. Son más disciplinadas y, por eso, más consistentes en los sacrificios necesarios para lograr la excelencia en sus estudios y otras metas en la vida.

9. Se enfrentan al embarazo y al alumbramiento con valentía, aun sabiendo los sacrificios, dolores e incomodidades que estos representan.

La carne: le otorgó capacidad de *sensibilidad*.

1. Las mujeres parecen tener un «sexto sentido». Son muy sensibles en todas las áreas.

2. Por eso, son especiales para prevenir situaciones peligrosas, porque *perciben* cosas raras que otros no percibimos.

3. Las mujeres son *más sensibles a las relaciones interpersonales.* Por eso son dadas a fomentar las relaciones de familia, ¡y ni hablar de la relación matrimonial! Es la que, por lo general, siente primero que algo anda mal, mientras los esposos están en «Belén de Judea», creyéndose que «todo está bien».

4. Las mujeres son más *sensibles espiritualmente.* Por eso, en la iglesia, hay muchas más mujeres que hombres.

5. Son más *emocionales.* Eso hace que se resistan a la frialdad de la vida cotidiana. Le ofrecen una chispa, porque añaden ese elemento de jovialidad al ambiente del hogar.

6. Por ser más *sentimentales* obligan a los que la rodean a moderar sus actitudes, para que su delicadeza no sea violentada.

7. Siempre *están necesitando sentirse seguras* en todo el sentido de la palabra. Por eso planifican mejor que los hombres.

8. Su sensibilidad hacia el ambiente las hace ser más inclinadas hacia el mejoramiento de la belleza y del confort del hogar. La decoración y el orden le dan una sensación de satisfacción y son parte de su necesidad de proveer un ambiente acogedor a su familia.

La sangre: le otorgó una extraordinaria capacidad para *servir*.

1. Las mujeres son la vida de la familia, así como la sangre para el cuerpo. La sangre lleva el oxígeno y los nutrientes a cada célula del organismo; así son las mujeres.

2. Poseen una virtud para el servicio. Son las que toman la iniciativa de servir a la familia y tratan por naturaleza de suplir todas las necesidades para hacer sus vidas confortables.

3. Son «enfermeras» por naturaleza; cuidadosas y preventivas. Por eso son más dadas al aseo y a la limpieza.

4. Tienen una especial inclinación por todas las actividades que preserven la vida. Por eso son las que, por naturaleza, cocinan.

5. Siempre están mucho más preocupadas por aquellas cosas que puedan representar algún peligro. Por eso, a veces, sobreprotegen no solamente a sus hijos, sino también a sus esposos.

6. Tienen una fuerte inclinación por ayudar a sus esposos y a toda la familia en todas las áreas; sobre todo, en aquellas cosas que las hagan sentir ligadas emocionalmente a quienes sirven.

7. Las llena el suplir las necesidades de sus amados. Por lo general, son las que se levantan a preparar y servir lo que su familia necesite, aun sacrificando sus gustos particulares.

¡Qué extraordinario ser creó Dios, cuando formó a la mujer!

Capítulo 6

La guerra de Satanás contra la mujer

CAPÍTULO 6

LA GUERRA DE SATANÁS CONTRA LA MUJER

Pondré enemistad entre ti y la mujer, y entre tu simiente y la simiente suya; esta te herirá en la cabeza, y tú la herirás en el calcañar.
—Génesis 3:15

Creo que la rivalidad de Satanás contra la mujer no comenzó después de la caída del hombre. La razón por la cual él escogió a la mujer para tentarla y destruirla es porque *la mujer representa la persona que tomó el lugar, en la creación terrenal, que él poseía, en el reino de los cielos.*

«Wait, please wait» ¡Teólogos, esperen a que me explique!

En otras palabras, cuando Dios declara en Génesis: «Pondré enemistad entre ti y la mujer», es cuando, para todo propósito práctico, se declara la guerra entre Satanás y la mujer. Es como una lucha de «homólogos» de diferentes reinos.

Satanás tiene celos de la mujer

Es cierto que este versículo es la primera profecía mesiánica, algo que pone en discordia a Satanás contra la mujer, ya que esta traería al mundo al Mesías Redentor; no obstante, creo que esta lucha comenzó como una rivalidad provocada por el celo, desde antes de la caída del hombre. Celo que nace de Satanás (el antiguo querubín Lucifer) al no querer aceptar su derrota, cuando fue expulsado del Reino de los Cielos y al no querer permitir que otro tome su lugar.

Creo esto, porque las Escrituras revelan cosas interesantes, con respecto a la creación del maravilloso querubín Lucifer, que son, curiosamente, similares a las características otorgadas a la mujer en su creación respectiva. En Ezequiel 28:12–18:

> «(...) Así ha dicho Jehová el Señor: Tú eras el sello de la perfección, lleno de sabiduría, y acabado de hermosura. En Edén, en el huerto de Dios estuviste; de toda piedra preciosa era tu

vestidura; de cornerina, topacio, jaspe, crisólito, berilo y ónice; de zafiro, carbunclo, esmeralda y oro; los primores de tus tamboriles y flautas estuvieron preparados para ti en el día de tu creación.

Tú, querubín grande, protector, yo te puse en el santo monte de Dios, allí estuviste; en medio de las piedras de fuego te paseabas. Perfecto eras en todos tus caminos desde el día que fuiste creado, hasta que se halló en ti maldad.

A causa de la multitud de tus contrataciones fuiste lleno de iniquidad, y pecaste; por lo que yo te eché del monte de Dios, y te arrojé de entre las piedras del fuego, oh querubín protector.

Se enalteció tu corazón a causa de tu hermosura, corrompiste tu sabiduría a causa de tu esplendor; yo te arrojaré por tierra; delante de los reyes te pondré para que miren en ti. Con la multitud de tus maldades y con la iniquidad de tus contrataciones profanaste tu santuario; yo, pues, saqué fuego de en medio de ti, el cual te consumió, y te puse en ceniza sobre la tierra a los ojos de todos los que te miran».

La mujer: semejante a Lucifer antes de su caída

La mujer es semejante en estas características. Precisamente, se distingue por sus cualidades de hermosura física; por cómo se adorna y se ocupa en embellecerse continuamente; por sus habilidades para la decoración y el mejoramiento del ambiente; por su aptitud hacia las artes; por su poder de influencia, etc. ¿No les parece que estas características son similares a las que rodean al querubín Lucifer?

Parece que este había sido dotado de cualidades sobresalientes, con respecto a los demás arcángeles. Es interesante que el Arcángel Miguel no se atrevió proferir palabra contra Satanás en su propia autoridad; porque, observa como lo trata en Judas 9: «Pero cuando el arcángel Miguel contendía con el diablo, disputando con él por el cuerpo de Moisés, no se atrevió a proferir juicio de maldición contra él, sino que dijo: El Señor te reprenda».

Quiere decir que Miguel reconocía la superioridad de Lucifer, que, aunque caído, aún poseía la grandeza de la naturaleza con que había sido creado.

Sumado a lo anterior, aparece un pequeño detalle en este relato de Ezequiel: «Tú eras el sello de la perfección; acabado de hermosura». Parece sugerir que por ser el «sello de la perfección», fue el último de los seres perfectos creados en el cielo. Con Lucifer fue sellada la creación celestial. Reconozco que no hay suficiente información bíblica como para llegar a esta conclusión; pero, en mi opinión, según se desprende de este relato bíblico, Lucifer fue el «sello en la creación celestial».

Como si hubiera sido el último ser creado en el reino celestial, querubín dotado de cualidades extraordinarias, se le otorgó un lugar especial; se le concedió una honra especial; se le invistió de unos privilegios especiales. Entre todos los seres espirituales creados en el reino de los cielos, Lucifer era, aparentemente, el más extraordinario.

Creo que era tan especial y gozaba de tanta autoridad que le pareció que podía alcanzar el lugar que sólo estaba reservado para el Hijo de Dios; y lo codició. En el momento en que se registra la maldad de querer usurpar un lugar de autoridad mayor que no le correspondía fue cuando Dios lo arroja de ese lugar privilegiado.

Veamos, en Isaías 14:12–15:

> «¡Cómo caíste del cielo, oh Lucero, hijo de la mañana! Cortado fuiste por tierra, tú que debilitabas a las naciones. Tú que decías en tu corazón: Subiré al cielo; en lo alto, junto a las estrellas de Dios, levantaré mi trono, y en el monte del testimonio me sentaré, a los lados del norte; sobre las alturas de las nubes subiré, y seré semejante al Altísimo. Mas tú derribado eres hasta el Seol, a los lados del abismo».

Después de haber perdido irremediablemente sus privilegios, ahora no quiere que nadie disfrute de ellos, y, mucho menos, alguien que viene a «sustituirlo». Si la mujer fue el ser que Dios creó en la tierra con las cualidades y privilegios que, originalmente, le dio a Lucifer en el cielo, aquélla representa una vergüenza que le recuerda a Satanás su caída. Se convierte en su rival.

Si él fracasó, ella también tendrá que fracasar

Si él cayó, querrá que ella caiga también. Si él no pudo retener ese lugar de gloria, no querrá que ella lo retenga tampoco. El hombre no representa un reto tan grande; no lo provoca a celos como la mujer; porque el varón no es el que tiene esas cualidades extraordinarias que Dios le otorgó solo a la mujer. Ésta ocupa una posición privilegiada en la creación terrenal, parecida a la que poseía Lucifer, en la celestial.

Para Satanás, la creación terrenal representa otro gran reto, ya que la tierra es el lugar que la gracia de Dios escogió para tratar con sus hijos, pues, en este contexto, Dios podría concederles a sus hijos oportunidades de restauración que no le fueron concedidas a él en la creación celestial. No hay oportunidad de arrepentimiento para aquellos que, después de exponerse a la gloria de Dios, pecan. Este fue el caso de Lucifer: pecó y, al verse despojado y obligado a salir del reino, persuadió a una tercera parte de los ángeles del cielo que, abandonando a Dios, lo siguieron, convirtiéndose en los demonios al servicio de las tinieblas, encabezado por el ahora llamado Satanás.

El diablo no soportaría que la mujer, estando en «condiciones inferiores» a las que él estuvo, terminara siendo fiel a Dios, haciendo más patente aún su derrota y su vergüenza. Él tenía que lograrlo, tenía que provocarla, tenía que engañarla; sobre todo, por ser su homóloga de este otro reino terrenal.

No se fue sola

Era necesario que Dios la arrojara del Paraíso terrenal (el Edén), así como él fue arrojado del Paraíso celestial. Él tenía que lograr que ella saliera acompañada de ese lugar, así como él también salió acompañado del suyo. Lucifer no se fue solo; inmediatamente comenzó a persuadir a los ángeles y logró convencer a una tercera parte de ellos.

Se repitió la historia...Eva persuadió a Adán. No se fue sola.

La mujer es su más buscada enemiga. La odia con todas sus fuerzas. Después que logró engañarla, les ha hecho pensar a los hombres que ella es la culpable de que toda la tierra se haya desgraciado; que fue quien trajo toda esta maldición sobre la tierra.

Satanás ha logrado que se considere a la mujer, alrededor del mundo, una ciudadana de segunda; un ser humano inferior; débil; que solo sirve para engendrar hijos. Por lo general, se le han coartado sus derechos humanos y se la ha discriminado, a favor de los hombres, en muchas áreas de oportunidades.

El aborto, parte del plan

> «Pondré enemistad entre ti y la mujer, y entre tu simiente y la simiente suya.»

Vuelvo a repetir que, aunque este versículo es claramente profético mesiánico, no obstante, no deberíamos limitarlo a eso solamente. Creo que las implicaciones de la enemistad entre la simiente satánica y la de la mujer se extienden a algo más.

La mujer representa vida, perpetuidad, el paso de la herencia a una próxima generación, ya que, sin ella, sería imposible reproducir la especie humana. Por eso Satanás odia de ella esa capacidad privilegiada de sostener vida. Sobre todo, va a luchar para que la herencia de Jehová, la herencia de los hijos de Dios no pase a una próxima generación.

Un niño que no podía nacer

Mi amada madre, Genoveva Serrano, conocida por Bebi, fue una madre que no podía tener su tercer hijo. Ella y mi tía me contaron que el médico le había diagnosticado que, de progresar el embarazo y pretender darlo a luz, pondría su vida y la del bebé en peligro.

Aunque mi madre nunca había tenido una experiencia personal con Jesucristo, abrigó una fe en él; sobre todo, cuando le dieron la terrible noticia. Decidió orar y pedirle a Dios que le permitiera tener a su bebé; que no tomaría ninguna acción de quitarle la vida al hijo que llevaba en su vientre. Mi padre trató de persuadirla; a la fuerza, usó unas inyecciones, para obligarla a abortar. Ella se resistió hasta el final. El médico, después de reprender a mi papá por haberle inyectado sin receta médica, declaró que no se explicaba cómo el bebé no había recibido daño. «Si un milagro lo mantiene vivo, un milagro lo hará nacer», declaró el doctor. Mi madre le dijo a Dios que si le concedía ese bebé, ella se lo dedicaría a Él. Nació el 29 de junio de 1955, el mismo día en que, dos años antes, nacieron mis hermanos. Sí, todos nacimos el mismo día de tres años consecutivos. ¡Qué clase de puntería! Como ya pudieron darse cuenta, ese niño que «no podía nacer» era yo.

¡Gracias, madre, por no haberme abortado! Gracias, porque aun teniendo una buena excusa, no quisiste abortar. Es evidente el concepto tan alto que tienes del privilegio de la maternidad y la responsabilidad que eso conlleva.

¡Ah!, aunque mi mamá no servía a Dios ni lo conocía, el Señor tomó muy en serio su oración. Me buscó, hasta que me halló; me persuadió, hasta que le di mi corazón. Me salvó, y ahora lo sirvo apasionadamente, con dedicación exclusiva. Sin duda, Dios oye las oraciones de las madres.

Asesinatos de criaturas inocentes

Satanás ha oprimido la mente de los «intelectuales» y legisladores para que, en aras de la «dignidad» y del «derecho de la mujer», se le permita asesinar a las criaturas inocentes que llevan en su vientre. ¡Qué contradicción, que los hombres son obligados a asumir la responsabilidad de mantener a todos los hijos que procrea y la mujer no tiene ninguna responsabilidad de mantenerlo vivo en su vientre, después que ella misma consintió en «fabricarlo»!

No pretendo hacer una exégesis condenatoria contra el aborto, así es que lo dejo aquí. Pero lo que sí me interesa es declarar el daño que produce, psicológica, física y espiritualmente, a las mujeres que lo han practicado. Satanás, mejor que nadie, sabe cuánto se deteriora el alma de una mujer. Es precisamente eso lo que persigue: corromperla en todos los sentidos en que pueda hacerlo. El aborto ha sido un arma fatal muy efectiva para destruir, hasta la raíz, las sensibilidades y cualidades que hacen de la mujer un ser único y especial. Llevarla a matar a lo más preciado que una mujer puede llevar en su interior, un hijo, la convierte en un ser *común*, *muy terrenal*, cuando Dios la hizo algo «fuera de este mundo».

Para la que este mensaje llegó tarde, solo te digo que no te rindas; hay esperanza para los que han pecado terriblemente.

> «De modo que si alguno está en Cristo, nueva criatura es; las cosas viejas pasaron; he aquí todas son hechas nuevas» (2 Corintios 5:17).

Otra oportunidad

Dios es especialista en restauración. Él se gozaría muchísimo de ver a tu adversario, el diablo, frustrado porque, después que logró robarte la gloria que Dios te dio cuando te creó, ahora te la devuelve, por medio del perdón y la purificación que la sangre de Cristo representa para los que se arrepienten.

Capítulo 7

La tentación perpetua de las mujeres y la tendencia perpetua de los hombres

CAPÍTULO 7

LA TENTACIÓN PERPETUA DE LAS MUJERES Y LA TENDENCIA PERPETUA DE LOS HOMBRES

Las Escrituras revelan que la serpiente era astuta (Génesis 3:1), más que todos los animales del campo. Esta dijo a la mujer: «(...) *¿Conque Dios os ha dicho: No comáis de todo árbol del huerto?*». Observen la estrategia. Lo primero que hace es cuestionar lo que Dios dijo o prohibió, como si quisiera saber cuánto ella conoce la Palabra de Dios.

La mujer pasó la prueba, sí, conocía la voluntad de Dios. Su marido había hecho un buen trabajo sacerdotal, ya que le compartió lo que Dios le había enseñado. Mira la respuesta que la mujer le dio a la serpiente: «(...) Del fruto de los árboles del huerto podemos comer; pero del fruto del árbol que está en medio del huerto dijo Dios: No comeréis de él *ni le tocaréis*, para que no muráis» (Génesis 3:2–3 énfasis del autor).

Si analizas el pasaje bíblico donde se limitó el consumo del fruto prohibido (2:16–17), descubrirás que Eva no había sido creada todavía, y que Dios nunca dijo que no lo tocaran. Sin embargo, Eva dijo a la serpiente que no debían ni siquiera tocarlo. Obviamente, Adán jugó un papel excelente en trasmitir la verdad de Dios a su esposa.

Quiero aclarar esto, porque he escuchado y leído comentarios, explicando por qué Eva cayó, imputándole a Adán no haber hecho bien su papel como sacerdote.

> «*No moriréis* —dijo la serpiente a la mujer—, *sino que sabe Dios que el día que comáis de él, serán abiertos vuestros ojos, y seréis como Dios, sabiendo el bien y el mal.*»

La independencia

¿Qué le está ofreciendo Satanás a la mujer? ¿Qué significa ser como Dios? Básicamente, es que, si fuesen como Dios, no tendrían que sujetarse a Él; ya no sería tan necesario depender de Dios; en otras palabras: *¡Vamos, independízate!*

Para un ser tan extraordinario y capaz como es la mujer, me parece que se hace más atractiva esta clase de tentación. Ya, por diseño natural, era tan parecida a Dios que obtener lo que le faltaba para lograr ser como Él era irresistible.

Mujer, ten esto en cuenta: la *independencia* será una tentación perpetua en tu vida. Ser independiente, aun dentro de una relación con un hombre, será muy atractivo para tu naturaleza caída. Habrá una tendencia a sentir la satisfacción de que el hombre te necesite más de lo que crees necesitarlo a él.

Si sientes orgullo al decir que los hombres no pueden vivir sin ustedes, porque ustedes sí pueden vivir sin ellos, y si sientes la tentación de tomar la autoridad que no te corresponde, ¡entiéndelo!, eso tiene un origen satánico. Ese pensamiento no es de Dios. Rechaza ese argumento, porque podría convertirse en una fortaleza en tu vida.

Precisamente, este fue uno de los elementos principales en la caída de Lucifer: lo cerca que estaba de Dios; era tan parecido a Él y el grado de autoridad delegada que poseía fue tal, que lo llevó a codiciar el trono que solo estaba reservado para el hijo de Dios.

Poder de persuasión

Otro consejo para ti, mujer: «¡tienes un poder extraordinario para persuadir! Haz buen uso de él». Tus virtudes y talentos te hacen especialmente astuta o sabia para convencer. ¿Qué hizo Eva para lograr que Adán comiera del árbol? Si él fue tan excelente en trasmitirle el consejo de

Dios a su esposa, ¿qué pudo haber hecho Eva, en tan poco tiempo, como para que Adán cediera tan fácilmente?

No tengo duda de que las cualidades encantadoras de Eva, dadas por Dios, jugaron un papel muy importante en el proceso. Mujer, usa tus encantos para el bien y nunca para el mal, ya que tu potencial de persuasión es enorme.

Resultado de caer en la tentación: se dañaron sus ojos

Lo que aquella pareja ignoraba era que ningún ser humano en carne puede tener el conocimiento del bien y del mal, sin corromperse. El conocimiento del mal seduce. Por eso, casi nadie es tentado por aquellos pecados a los cuales no han sido expuestos. Las luchas más grandes se manifiestan en las áreas donde se ha experimentado el pecado anteriormente. Además, éste trajo la muerte del espíritu. Las tinieblas cubrieron sus almas, y sus cuerpos comenzaron a sentir las consecuencias: empezaron a envejecer.

Debemos señalar que, antes del pecado, se muestra la concupiscencia de la carne.

> «*Vio la mujer que el árbol era bueno para comer, y que era agradable a los ojos, y árbol codiciable para alcanzar sabiduría…*» (Génesis 3:6).

Lo que infiero de este pasaje es que la tentación, primero, se vale de alguno de nuestros sentidos. En este caso, los ojos. Esa fue la vía utilizada estratégicamente por el diablo para aumentar la codicia de la mujer.

La desobediencia y el pecado provocan cambios en nuestra genética espiritual, que no reconocemos de inmediato. Luego, las «mutaciones» empiezan a manifestarse. El efecto físico de lo ocurrido espiritualmente no va a tardar en brotar.

Desde entonces, la mujer ha tenido un poder seductor que emana de sus ojos. La Biblia nos aconseja cuidarnos de la mirada de la mujer pagana.

> «*(...) y cuando Jezabel lo oyó, se pintó los ojos con antimonio y atavió su cabeza, y se asomó a una ventana*» (2 Reyes 9:30).

> «*No améis al mundo ni las cosas que están en el mundo. Si alguno ama al mundo, el amor del Padre no está en él. Porque todo lo que hay en el mundo, los deseos de la carne,* **los deseos de los ojos,** *y la vanagloria de la vida, no proviene del Padre, sino del mundo*» (1 Juan 2:15–16 énfasis del autor).

Sus ojos pueden ser cautivantes por naturaleza, por lo cual, toda mujer consciente de esta realidad debe ser muy cuidadosa y asumir responsabilidad con el «uso de sus ojos».

Enfermedad contagiosa

Lo más terrible es que esta concupiscencia es como una enfermedad contagiosa. Se trasmite a los más cercanos.

En el caso de Eva, a su esposo. Desde ese día, se le abrieron los ojos a ambos, pero tal parece que a los hombres se multiplicó en gran manera. ¿Por qué? Esta es mi explicación: todos sabemos que el sentido de la vista es extremadamente sensible en los hombres, a diferencia de las mujeres. ¡Hola, somos distintos! Debemos recordar que cuando Dios creó a Eva, Adán no tuvo la oportunidad de conocerla; por lo tanto, él se enamoró de lo que *vio*, cuando despertó del sueño. No hay duda de que Adán la recibió por esposa sin haberla tratado, por quién se la regaló; pero, además de eso, Dios la creó hermosísima, para que le *fuera agradable a sus ojos.*

Quiere decir que ya el hombre venía con ese potencial visual «dado por Dios», pero, cuando el pecado se introdujo por vía de los ojos de Eva, el «virus» se transmitió a Adán; solo que le hizo más daño que a ella, por causa de su sensibilidad visual especial.

Esto significa que las mujeres no deberían criticar a los hombres por que seamos «tan visuales». Perdonen, es nuestra naturaleza. Creo que las mujeres, deberían sentirse responsables de cuidar cómo se exhiben al vestirse. Tengo en alta estima a aquellas que lo hacen decorosamente, porque aceptan y respetan esta realidad natural de los hombres.

Ellas nunca comprenderán cuántas presiones emocionales y físicas sufren los hombres por causa de las mujeres que golpean su sensibilidad, cuando se visten indecorosamente, o, peor aún, que se aprovechan de esa hipersensibilidad porque gustan sentirse codiciadas por ellos.

Las que no cuidan su apariencia

¿Y qué, de las mujeres casadas que no quieren aceptar esta realidad natural de los hombres o le dan poca importancia y ya no cuidan su apariencia para agradar a sus esposos? Creo que ambos *somos responsables delante de Dios de agradarnos;* no solo emocionalmente, sino *también en la carne.*

El apóstol Pablo fue muy claro en cuanto a esto, más de lo que muchos hubieran querido que fuera. Él dijo, en 1 Corintios 7:32–35:

> «Quisiera, pues, que estuvieseis sin congoja. El soltero tiene cuidado de las cosas del Señor, de cómo agradar al Señor; pero *el casado tiene cuidado de las cosas del mundo*, de *cómo agradar a su mujer.* Hay asimismo diferencia entre la casada y la doncella. La doncella tiene cuidado de las cosas del Señor, para ser santa así en cuerpo como en espíritu; pero *la casada tiene cuidado de las cosas del mundo*, de *cómo agradar a su marido.* Esto lo digo para vuestro provecho; no para tenderos lazo, sino para lo honesto y decente, y para que sin impedimento os acerquéis al Señor» (énfasis del autor).

Esto significa que una de las maneras de cumplir con nuestro «deber conyugal» es cuidar de nuestros cuerpos, para que estos luzcan agradables a los ojos de nuestro cónyuge. Ahora bien, si los hombres son más visuales que las mujeres, significa que para ellos es mucho más importante que ellas se mantengan «apetecibles y codiciables a la vista» en el buen sentido de la palabra.

El hecho de que las mujeres sean más tolerantes con la apariencia de sus esposos no significa que ellos tengan que serlo. Exigirlo es luchar contra la naturaleza.

Debo aclarar que no estoy de acuerdo con la «carnicería moderna» que existe en nuestros tiempos, con las cirugías plásticas. Este afán por lucir súper esbeltas y eternamente jóvenes no me parece sano. Creo que cada cual, a su edad correspondiente, puede lucir bien y agradable a la vista, cuidando de su cuerpo y aceptando con «elegancia» las señales naturales de la vejez.

Se escondieron; se alejaron de Dios

Dios es amor, y todo aquel que se aleja de Su presencia perderá capacidad de amar, que podemos definir como todo aquel comportamiento que sirva para unir y edificar una relación, por ej.: el afecto físico, el romance, los halagos, la paciencia, el perdón, la aceptación de la naturaleza del otro, la tolerancia, el cubrirse, el servir, el sacrificio, el bendecir, etc.

Podríamos tener personalidades extraordinarias y temperamentos muy equilibrados, pero, tarde que temprano, sin Dios, no seremos capaces de enfrentar todos los retos de la vida y ni de neutralizar todas las fuentes de competencia que luchan contra los designios del amor.

El poder de la presencia de Dios

Cuando experimento la presencia de Dios en una reunión de la congregación o cuando estoy orando en la privacidad de mi habitación, ocurren cosas maravillosas, casi inexplicables. Me siento como un niño delante de él; me embarga una sensación de amor y de paz muy profunda; mi mente se amansa, y mis pensamientos se tornan humildes; las molestias se apagan, y nace un deseo de perdonar y de acercarme a reconciliarme; incluso, se me hacen más claros mis propios errores y más fácil aceptarlos.

La primera pareja se escondió de la presencia de Dios, y miren cuál fue el resultado de este alejamiento. Dios, como siempre acostumbra a hacer, aun cuando hemos pecado, se acerca a nosotros en amor y nos confronta con éste, para darnos la oportunidad de restaurarnos: «*¿Has comido del árbol del que yo te mandé que no comieses?*», le preguntó a Adán. Para nuestra sorpresa, su respuesta fue: «*La mujer que me diste por compañera me dio del árbol, y yo comí*».

Inmediatamente, se manifestó el pecado en el corazón del hombre: *reproche, acusación y desprecio* hacia la mujer.

Reproches, acusaciones y desprecio

¡Los propósitos satánicos se habían sembrado en el corazón del hombre! El virus de odio hacia su rival, la mujer, había sido introducido al paquete genético espiritual de los hombres. Las tinieblas lograron su tan meticulosamente planificada artimaña.

¿Qué mejor, que lograr que los hombres mismos fueran los que ejecutaran el plan de destrucción hacia la figura de la mujer? ¿Qué mejor, que el trabajo de mantener la enemistad entre él y la mujer fuese precisamente ejecutado por la figura del que más podría herirla? Nunca un agravio que Satanás profiera contra una mujer será tan doloroso como el que provenga de su propio esposo.

Desde ese momento, los hombres llevan en la «sangre», en sus genes espirituales, la tendencia a *culpar* a sus esposas por todo. *Reproche* viene y *reproche* va. Y, como consecuencia de la irritabilidad que provoca esta actitud, viene el *desprecio*. El hombre pierde su norte en cuanto al regalo de Dios y la bendición que ella representaba, y empieza a verla como un *estorbo*, una *molestia*; hasta se *arrepiente de haberse unido a ella*.

Una de las señales que muestran la realidad espiritual de un hombre es cómo trata a su esposa. Podremos lucir muy bien, pero lo que revela la verdad de nuestra relación con Dios es nuestra relación conyugal. Podrán ser admirables profesionales y exitosos empresarios cristianos, muy generosos con la obra de Dios, pero su integridad espiritual la determina el cómo trata a su esposa. Podrán ser ministros del evangelio con gran carisma y unción, pero lo que valida ese «poder» es el trato a su esposa.

Cuando un hombre está espiritualmente vacío o abriga pecados en su interior —estos pueden ser de cualquier índole—, comienza a sentir la tendencia a reprochar, a culpar y a menospreciar a su esposa, aun cuando ella no tenga nada que ver con sus problemas. Cuando éste hace cosas indebidas, ve pornografía o asume cualquier actitud pecaminosa, por lo general, se pone irritable y se descarga contra su esposa.

¡Cuántas mujeres, continuamente, se preguntan: *¿Y ahora, qué hice?!* Porque no entienden la razón de su disgusto. Se confunden, porque no es lógico que ellos exageren o malinterpreten el asunto. Cuántas, se ponen nerviosas cuando sus maridos llegan a la casa, porque no saben con qué «neura» llegarán, en esa ocasión.

Solo es en momentos de «lucidez», cuando estos hombres vuelven a valorarlas, especialmente, cuando sus ojos se agudizan por causa de sus hormonas. Es entonces, cuando se ponen tiernos y cariñosos. En medio del éxtasis del amor íntimo, reconocen las virtudes de sus esposas; pero, tan pronto salen de ese ambiente de pasión, vuelve la hostilidad hacia ellas, mayormente, entre los que no practican frecuentemente la presencia de Dios.

El maldito virus

Es inevitable; lo llevamos en nuestros genes. Solo Dios puede limpiarnos la sangre de ese maldito virus.

He aprendido muy bien este principio espiritual: cuando noto que estoy medio huraño con mi esposa; que se está asomando esta predisposición o esta tendencia a reprochar, inmediatamente, me ubico. Me digo: «Rey, mejor vete a orar; vete a buscar el rostro de Dios e investiga qué te pasa, porque no está bien que le des rienda suelta a esto».

Quizás, estoy espiritualmente fatigado. Le pido al Señor que me muestre qué tengo oculto en el corazón que me está afectando. ¡Gloria a Dios; Él siempre lo hace! Salgo de allí diferente...

Mujeres que mendigan amor

Cuánto dolor me da ver a tantas mujeres que mendigan el amor y las atenciones de los hombres. Su autoestima está tan lastimada que se rinden a la más mínima insinuación, creyéndoles cualquier cosa. Total, aunque saben que no hay compromiso ni lazos de ninguna clase, no les importa mucho porque son los únicos momentos donde se sienten valoradas, aunque sea una fantasía.

Los hombres inescrupulosos, arropados de egoísmo, saben que hay muchas sintiéndose así; salen a buscarlas por darse un gusto y no les importan las consecuencias. Hay una intención satánica detrás de todo esto.

¿A qué responde esta ola de asesinatos de mujeres que oímos en las noticias a diario? ¿Por qué se multiplica, cada vez más, la agresividad contra la mujer? Las leyes de protección por la violencia doméstica no han logrado evitar esta avalancha incontrolable de destrucción. Todos los hombres entrevistados después de haber cometido las atrocidades contra sus compañeras declaran que las amaban.

No hay duda de que la mujer está en medio de una guerra espiritual, emocional y física, sin precedentes.

Definitivamente, la sociedad, cada vez más alejada de la figura de Dios le está otorgando a Satanás toda la libertad y la oportunidad de diseminar el virus. Esta epidemia solo la detiene el Espíritu Santo cuando está en control del corazón de los hombres.

Cuando Jesucristo habita en el corazón de un hombre esculpe una nueva ley, unos nuevos principios. Él cambia el corazón de piedra dañado por el pecado y lo torna en un corazón de carne; lo hace sensible a Su Palabra y a todas las cosas hermosas creadas por Dios; sobre todo, hacia la mujer.

El Espíritu Santo te abre los ojos para que te deleites en ella tanto como Dios, cuando la creó para ti. Proverbios 5:18 dice:

> «*Sea bendito tu manantial, y alégrate con la mujer de tu juventud, como cierva amada y graciosa gacela. Sus caricias te satisfagan en todo tiempo, y en su amor recréate siempre*».

¡Qué interesante, que los homosexuales parecen ser los únicos que le dan un lugar especial de «honra» a la mujer! La glorifican por su belleza. Tienen una visión de glamour de ellas, como si fueran diosas. Se dedican a arreglarlas, vestirlas, maquillarlas y hasta parecen idolatrarlas. Las admiran tanto que quisieran imitarlas.

Sin embargo, no intiman con ellas. En otras palabras: «te admiro, pero no te me acerques demasiado. No puedo amarte; no puedo hacerme uno contigo; prefiero mi propio sexo, prefiero a los hombres». Es raro; como si fuera admiración y repudio a la vez; un extraño amor y odio al mismo tiempo. Bueno, esto es característico de Lucifer: nos admira, pero, a la vez, nos envidia y odia por el lugar que Dios nos dio.

Odio glorificado hacia la mujer

¡Cuánto me indignó escuchar pequeñas estrofas de canciones, que han grabado algunos cantantes del género musical conocido por *reguetón*, y unos pocos *raperos!* No puedo resistirlo. ¡Se expresan contra la mujer con tanta vulgaridad y desprecio! Hablan de ellas como objetos sexuales a los que hay que pisotear después de usar, porque son «unas gatas», insinuando que tienen poco valor.

Me pregunto el porqué de esos temas, que despiden desprecio y odio hacia la figura de la mujer. Me parecen la manifestación glorificada de Satanás a la abierta luz del día. El asunto es que han hecho mucho dinero y logran que mujeres bailen, sensualmente, mientras ellos las denigran. ¡Ah! Los entrevistan en la televisión como grandes artistas; héroes de la venta de CD's. ¡Qué lástima...!

Estos son los que están educando a la nueva generación de hombres. No quisiera imaginarme el impacto que esto va a tener en la calidad de vida de las mujeres, en el futuro no muy lejano.

¡Dios tenga misericordia de ustedes!

> «Y cuando vio el dragón que había sido arrojado a la tierra, persiguió a la mujer que había dado a luz al hijo varón. Y se le dieron a la mujer las dos alas de la gran águila, para que volase de delante de la serpiente al desierto, a su lugar, donde es sustentada por un tiempo, y tiempos, y la mitad de un tiempo.

> Y la serpiente arrojó de su boca, tras la mujer, agua como un río, para que fuese arrastrada por el río. Pero la tierra ayudó a la mujer, pues la tierra abrió su boca y tragó el río que el dragón había echado de su boca. Entonces el dragón se llenó de ira contra la mujer; y se fue a hacer guerra contra el resto de la descendencia de ella, los que guardan los mandamientos de Dios y tienen el testimonio de Jesucristo» (Apocalipsis 12:13–17).

Sra vez me dirijo a los teólogos! Sé que estos versos bíblicos son una profecía sobre Israel en los últimos tiempos. No obstante, todos sabemos que muchas profecías tienen interpretación y/o aplicación múltiple. Creo que el odio y persecusión que Satanás desató contra la mujer (Israel) es teológicamente paralelo al odio y persecusión que el reino de las tinieblas ha desatado contra las mujeres en general alrededor del mundo en todas las épocas pero sobre todo, en los últimos tiempos.

CAPÍTULO 8

EL POTENCIAL SEXUAL DE LA MUJER

CAPÍTULO 8

EL POTENCIAL SEXUAL DE LA MUJER

> *A la mujer dijo: Multiplicaré en gran manera los* dolores en tus preñeces; *con* dolor darás a luz *los hijos; y tu* deseo será para tu marido, *y él se* enseñoreará de ti».
>
> —Génesis 3:16 (énfasis añadido)

Creo que, en el principio, las mujeres tenían igual potencial que los hombres, la misma capacidad de excitarse sexualmente que ellos. Disfrutaban de una libido muy semejante. Me parece que los encuentros íntimos eran muy fáciles de llevar a cabo en cuanto a capacidad de armonía en el coito. La mujer era tan rápida como él; estaba tan preparada físicamente para el acto sexual como el hombre. ¿Se imaginan? ¡Uuuhuy!

Pero algo terrible ocurrió. El pecado produjo un caos en la vida sexual de la mujer por causa de la maldición. También el hombre sufrió consecuencias. Veamos.

Dolores en las preñeces

Recuerden que estoy generalizando y que siempre habrá excepciones; pero lo siguiente es una realidad para la mayoría de las mujeres. Ahora las *preñeces* serían dolorosas. En otras palabras, no se trata del parto, sino las preñeces. Esto significa que las relaciones sexuales, que es lo que ocurre inmediatamente antes de ellas, serían penosas o incómodas.

Miles de mujeres, en consejería matrimonial, se quejan de que, después de años de casadas, todavía tienen dificultades con las relaciones sexuales. Los dolores comienzan con las menstruaciones; luego, siguen con la rotura del himen en la primera relación; y, además, para colmo de males, ellos van a otra velocidad y toman un rumbo que ellas no pueden disfrutar. Por ende, las relaciones resultan molestas; sienten hincaduras y hasta dolor, cuando la penetración ocurre antes de tiempo.

Las mujeres tratan de explicárselo a sus esposos, pero a estos se les hace difícil de entender y hasta se ponen de mal humor. Ellas, para evitar problemas, muchas veces se resignan y deciden soportar las dolencias y hasta fingir que están disfrutando, solo por complacer a sus maridos. ¡Qué triste!

Después de la caída, la mujer depende enteramente del amor, de la paciencia y de la comprensión de su marido para esperar por ella, para excitarla y prepararla para el coito. Las cosas cambiaron, después del pecado, y ahora ambos tenemos que asumir las consecuencias.

No hablo sobre el dolor de dar a luz, porque eso, sí, todos siempre lo han entendido. Pero es interesante el tratar de imaginar cómo hubieran sido los partos sin dolor, de verdad.

Tu deseo será para tu marido

Como los mismos teólogos encuentran que es difícil la traducción de esta palabra del hebreo, pues, yo pongo mi opinión sobre la mesa. Creo que ella se refiere al deseo sexual.

Significa que a ella se le redujo su deseo sexual y aumentó el de él. Ahora, habría una disparidad sexual entre ellos, ya que la mujer tendría menos deseos, mientras que el hombre sufriría de frecuentes urgencias sexuales. Es como si Dios le hubiera restado a ella y lo que le quitó a la mujer se lo aumentó a él.

Tenemos que aceptar que ahora somos diferentes; que reaccionamos diferente; que tenemos libidos diferentes; que hay unas incomodidades físicas naturales en la mujer que los hombres no sufrimos. Que, por sus menstruaciones, no siempre está disponible; que ahora es más difícil copular; que los hombres, a causa de sus urgencias, se desesperan y ahora necesitan mucho dominio propio, etc.

Esto sigue confirmando que la mujer ahora dependerá enteramente del amor, de la paciencia y de la comprensión de su marido, como anteriormente se dijo. Si queremos ser felices sexualmente, tendremos que aceptar la realidad que el pecado provocó.

Redención sexual

El amor de un esposo puede *redimir sexualmente a la mujer* para que ésta llegue a disfrutar de la sexualidad tanto o más que él. Cuando la mujer alcanza su orgasmo, puede llegar a ser muy profundo e intenso y hasta tener múltiples orgasmos en una sola relación. Pero necesitará, en gran medida, a un hombre entendido y sabio sexualmente, que sepa tomar dominio de su propia sexualidad para darle toda la atención a ella primeramente.

¿Quiénes son los hombres más entendidos en la materia? Los que se dejan orientar por la mujer, los que tienen la sensibilidad para oír a su esposa, los que permiten que ellas los guíen en la difícil carrera de entender sexualmente a una mujer, y los que dominan el «corcel» que llevan por dentro.

Todo lo aquí expuesto, hasta ahora, le impone a la mujer la necesidad de escoger bien a quien va a ser su compañero. Mientras más cerca de Dios éste camine, más probabilidades tendrá de que armonice, de que la trate con delicadeza y dignidad.

Demandas contra natura

Hay muchos hombres que critican a sus esposas porque éstas no se comportan como las mujeres de Hollywood. Que no entienden que eso que ven ahí o en la pornografía es pura fantasía. Que, naturalmente, eso no se da. Que las mujeres normales no son así. Que están siendo engañados.

Cuántas prostitutas que están acostumbradas a actuar así, cuando son entrevistadas, expresan su tristeza y amargura porque se aborrecen a sí mismas, por lo que han aprendido a hacer por dinero o para complacer a los hombres, dañados por los demonios que gobiernan sus vidas. A éstas, aunque «lo hacen muy bien», practicar ese tipo de sexo las hace infelices; se sienten deshumanizadas; se sienten basura. Pero claro, eso es parte del quehacer satánico de destrucción de la mujer; porque estos hombres engañados se volverán con esas expectativas sexuales hacia su mujer, y lo único que van a lograr con eso es humillarlas, oprimirlas, angustiarlas, abusarlas y hacerles creer que no sirven, que algo anda mal en ellas. ¡Por favor, mujeres, no caigan en esa trampa...no muerdan ese anzuelo!

Él se enseñoreará de ti

¡Bueno, aquí va! Sé que la mayoría de las mujeres hubieran querido que yo obviara esta parte; pero, ahora digo yo, si recibiste lo bueno y agradable de esta revelación con respecto a la mujer, pues toma, también, lo que te parece no tan bueno.

No; fuera de bromas, recibe esta palabra: *«Porque la palabra de Dios es viva y eficaz, y más cortante que toda espada de dos filos; y penetra hasta partir el alma y el espíritu, las coyunturas y los tuétanos, y discierne los pensamientos y las intenciones del corazón»* (Hebreos 4:12).

Por consiguiente, cree que:

> «*La bendición de Jehová es la que enriquece, y no añade tristeza con ella*» (Proverbios 10:22).

Toda la voluntad de Dios es buena y traerá prosperidad a la vida de los que la creen para obedecerla. Así es que, si decides creer que los propósitos de Dios son perfectos, que te harán feliz y que Su plan es redimirte del pecado, para devolverte lo que Satanás trató de robarte, pues entonces, decide confiar en Dios y caminar en la dirección de Su buena voluntad. ¿Está bien?

Primeramente, debo aclarar que este asunto del señorío de los hombres es una cuestión de orden; no se ejerce, cuando él quiere utilizar su autoridad para llevarla a pecar o a denigrarse. Ningún mandamiento bíblico tiene aplicación por sí solo, porque todo está condicionado a su contexto y a la voluntad universal de Dios.

Bendición de protección

Ahora bien, el que el hombre se enseñoree de la mujer no es un castigo de Dios, sino una *bendición de protección.*

Primeramente, ser el señor de la esposa lo único que implica es que es la cabeza de la relación; esto lo responsabiliza a servir, según la definición de Jesús.

Veámoslo, en Lucas 22:24–27:

> «Hubo también entre ellos una disputa sobre quién de ellos sería el mayor. Pero él les dijo: Los reyes de las naciones se enseñorean de ellas, y los que sobre ellas tienen autoridad son llamados

> bienhechores; mas no así vosotros, sino sea el mayor entre vosotros como el más joven, y el que dirige, como el que sirve.
>
> Porque, ¿cuál es mayor, el que se sienta a la mesa, o el que sirve? ¿No es el que se sienta a la mesa? Mas yo estoy entre vosotros como el que sirve».

Es solo una jerarquía de autoridad para que haya orden. En el principio, Dios era la cabeza, y sigue siendo así, porque ahora es la cabeza del varón; mientras que éste es la de la mujer.

> *«Pero quiero que sepáis que Cristo es la cabeza de todo varón, y el varón es la cabeza de la mujer, y Dios la cabeza de Cristo»* (1 Corintios 11:3).

No obstante, como Dios trataba personalmente, cara a cara, con aquella pareja, no era necesario que estableciera esta jerarquía de autoridad, porque Él mismo juzgaría las cosas entre ellos continuamente. Sin embargo, desde el principio, a ella se le llamó: «ayuda idónea», indicando, con eso, que él tendría la dirección y ella lo ayudaría en sus proyectos y metas.

Después del pecado, ellos serían expulsados del Edén y no tendrían acceso directo, personal, con Dios, como antes. Ahora era inminente, para que funcionara esa relación, que se estableciera una cabeza, el *delegado de Dios*.

Todo cuerpo ordenado tiene una cabeza. Toda organización exitosa tiene una cabeza. Todo gobierno, aunque sea democrático, tiene su cabeza. Por lo tanto, la institución más importante del mundo, que es el matrimonio, también tiene que tener una cabeza, para que funcione ordenadamente.

Dicho sea de paso, hasta en el Reino de Dios hay una cabeza. Sabemos que el Padre, el Hijo y el Espíritu Santo, son uno y que los tres son una Deidad trina; no obstante, hay una cabeza. Ninguno de los tres es más importante que el otro; sin embargo, el Hijo se sujeta al Padre; el Espíritu Santo se sujeta al Hijo. Y así como son ellos, nos creó a nosotros, a Su imagen y semejanza.

¿Por qué lo puso a él por cabeza y no a ella?

Ahora, la pregunta lógica es: ¿Si Dios dotó más a la mujer con capacidades extraordinarias y sobresalientes, por qué lo puso a él por cabeza y, no, a ella? Recuerden que la oferta que Satanás le hizo y siempre le hará a la mujer es, precisamente, libertad. Eso la llevó a pecar, a querer ser como Dios. Por lo tanto, esta será siempre la debilidad de la mujer, querer libertad y una mayor autoridad de la que tiene.

Dios, en su sabiduría, como lo que quiere es redimir a la mujer de su caída, le está dando la oportunidad para que demuestre que aprendió la lección. En otras palabras, si en la tierra no eres capaz de sujetarte al delegado de Dios, que es el hombre, tampoco te sujetarás a Dios en el Reino de los cielos. En ese glorioso lugar no se volverá a repetir la historia de traición de Lucifer, porque todos los que entren allí habrán sido probados hasta lo sumo.

Lo más difícil que se hace es sujetarse a un ser de capacidades inferiores. Se necesita mucha humildad para hacerlo. He escuchado a numerosas mujeres, con cierto grado de orgullo, hablar de sus esposos o novios como hombres inmaduros, desordenados, infantiles, irresponsables, porque no sienten la carga de la casa; incapaces de llevar un presupuesto y pagar las cuentas, estudiar tanto como ellas, y así sucesivamente.

Por eso hablan despectivamente de ellos y tienden a tomar la autoridad en sus manos, y a querer controlar. Algunas se sujetan por temor a la ira de sus esposos, pero, por dentro, ¡están de pie! Viven guardando mucha rebeldía en su interior. No pueden reconocer el lugar de señor a sus esposos; y, mucho menos, darles ese trato, porque no lo merecen.

Hombres: los delegados de Dios

Si los hombres son los *delegados* de Dios, los responsables de establecer el orden del Reino en sus hogares, esto se les hará imposible, si no buscan la dirección y la sabiduría del Altísimo.

Darle dirección a una mujer que sabe lo que quiere; ser líder de un ser superior y más complejo por lo sofisticado de su diseño, ¡se necesita a Dios y su santa ayuda!

Mujer, ¿qué vas a hacer si ese no es el caso de tu marido? ¿Habrá excepciones para la voluntad de Dios? La bendición de Dios está garantizada para todo el que obedece su voluntad, sin excusas. Cuántas mujeres sabias han decidido caminar en los principios del Reino y procuran darle un lugar especial a sus esposos, *no porque lo merezcan*, sino porque Dios les dio ese lugar, y ellas deciden respetar esa decisión.

Mujeres que han tenido que buscar ser llenas del Espíritu Santo para poder humildemente «ceder». Que tratan a sus maridos con la deferencia de un señor; repito, no *porque se comporten como tal*, sino porque Dios los llamó así: señores de sus esposas; y eso, para ellas, es suficiente.

Son mujeres que ven a sus esposos como Dios los ve, aunque estos «no se parezcan» a la versión original. Estas son mujeres que han aprendido de Dios a llamar las cosas que no son como si fueran.

> «*Por tanto, es por fe, para que sea por gracia, a fin de que la promesa sea firme para toda su descendencia; no solamente para la que es de la ley, sino también para la que es de la fe de Abraham, el cual es padre de todos nosotros (como está escrito: Te he puesto por padre de muchas gentes) delante de Dios, a quien creyó, el cual da vida a los muertos, y* ***llama las cosas que no son, como si fuesen***» (Romanos 4:16–17 énfasis añadido).

¿Saben? Esto ha sido la clave para que muchas mujeres provoquen grandes cambios en sus esposos. Incluso, ha sido un instrumento para llevar a sus maridos a acercarse a Dios. Toda persona que recibe un trato, que sabe que no merece, reconoce que Dios está en el asunto; porque Él es el único que ha actuado así.

Donde quiera que haya obediencia a la Palabra de Dios, unción de Dios se derrama sobre toda la familia, ocurren milagros.

> «Asimismo vosotras, mujeres, estad sujetas a vuestros maridos; para que también los que no creen a la palabra, sean ganados sin palabra por la conducta de sus esposas, considerando vuestra conducta casta y respetuosa (...) como Sara obedecía a Abraham, llamándole señor; de la cual vosotras habéis venido a ser hijas, si hacéis el bien, sin temer ninguna amenaza» (1 Pedro 3:1–2; 6).

Si Dios las va bendecir grandemente; las va a honrar y prosperar, no deberían sentirse amenazadas por esta palabra. Al contrario, animarse, con expectación de lo que Dios va a hacer, en respuesta a tu obediencia.

El nuevo testamento es muy claro, con respecto al trato que la mujer debe ofrecerle a su marido:

> *«Las casadas estén sujetas a sus propios maridos,* ***como al Señor****; porque el marido es cabeza de la mujer, así como Cristo es cabeza de la iglesia, la cual es su cuerpo, y él es su Salvador. Así que, como la iglesia está sujeta a Cristo,*

así también las casadas lo estén a sus maridos ***en todo*** *(…); y la mujer respete a su marido»* (Efesios 5:22–24; 33).

Tres elementos dolorosos para el corazón carnal:

1. «**como al Señor**»: significa que el mismo entusiasmo y amor con que hace las cosas para el Señor, así también lo debe hacer para su marido.

2. «**en todo**»: Esto significa que la mujer debe sujetarse a su marido como si este fuera el Señor. «Pero, es que mi marido no se parece al Señor, en nada. Si así fuera, no tendría problema alguno en sujetarme a él», dicen algunas mujeres. No hay excepciones. La bendición de Dios se manifestará como respuesta a tu obediencia a Su Palabra. Recientemente, vino a mi oficina una abogada recién convertida a Cristo. Me planteaba, con mucha tristeza, que su marido no quería que ella se congregara todos los domingos. Quería saber mi opinión. Le expliqué que debía sujetarse a su marido y no congregarse contra su voluntad. Ella no podía creer lo que estaba oyendo. Mucho menos, porque venía del Pastor. Le dije que, como era la voluntad de Dios que ella se congregara, Él iba a sacar la cara por ella; pero que tenía que obedecer a su marido, conforme al mandamiento bíblico, para que Dios pudiera hacer su parte. Le decía, sonriéndome de gozo: «Usted verá, Dios va a tocar a su marido. De alguna forma, lo llamará a

cuentas». El Espíritu Santo le dio paz y decidió sujetarse. No pasó una semana, y su marido le dijo que debía congregarse y no faltar. Él, ahora, la acompaña muchas veces, y ya le confesó que estaba convencido, que pronto lo vería entregándose sin reservas a Cristo. ¡Gloria a Dios!

3. «**respete**»: Lo que es el romance para la mujer, es el respeto para el hombre. ¿Quieres ver a tu esposa enamorada de ti, a través de los años, como al principio, y hasta más? Mantente romántico y detallista en afectos de todo tipo. Ahora bien, entiéndeme, mujer: ¿quieres ver a tu esposo enamorado de ti a través de los años?

Respétalo. El respeto, para los hombres, es mucho más efectivo que el romance, para mantener su corazón ligado al tuyo. No necesitan el romance para permanecer enamorados; pero, sí, el respeto. Si no lo entiendes, si no le encuentras lógica, pues...por favor, créelo por fe; funciona.

Todas estas recomendaciones bíblicas las aplicamos por amor a Jesús, porque él, sí, merece nuestra sujeción y obediencia. Colosenses 3:23–25 dice:

> *«Y todo lo que hagáis, hacedlo de corazón, como para el Señor y no para los hombres; sabiendo que del Señor recibiréis la recompensa de la herencia, porque a Cristo el Señor servís. Mas el que hace injusticia, recibirá la injusticia que hiciere, porque no hay acepción de personas».*

> «*¿Hasta cuándo andarás errante, oh hija contumaz? Porque Jehová creará una cosa nueva sobre la tierra: la mujer rodeará al varón*» (Jeremías 31:22).

¿Sabes lo que esto significa, mujer? Que cuando una mujer es redimida por Dios y entra en el orden del Reino de Jesucristo, por amor, y obedece humildemente su palabra, se convierte en un ser poderoso e invencible. Satanás teme a mujeres así. No puede soportar la unción de la autoridad espiritual que la rodea.

Guerreras espirituales

Se convierten en las guerreras espirituales mejor equipadas contra el reino de las tinieblas. No hay armas ofensivas efectivas en el infierno que puedan contra ella. La luz que las rodea es tal que desarticula toda maquinación de Satanás.

Esto es, precisamente, lo que está profetizado en Jeremías. Esto es lo nuevo que Dios haría sobre la tierra en los últimos días: «que la mujer rodeará al varón». En otras palabras, la mujer sería tan poderosa espiritualmente que Dios la utilizaría como un escudo alrededor del varón.

¿Qué ironía tiene la vida, verdad? ¡Qué sentido del humor tiene Dios! Que lo que el mundo históricamente consideró como lo débil y menospreciado, ahora es el arma más poderosa contra nuestros enemigos, y sea ella la que nos rodee para defendernos.

Me gozaba leyendo un comentario bíblico que explica este versículo así, y citó: «La mujer rodeará al varón: Quizás, aluda a la idea de que la mujer protegerá al hombre, lo inverso de lo normal (véase Isaías 11:6–9)». El significado no está claro. Cierro la cita. ¿Qué interesante, verdad?

Hombre, ¿sabes lo que significa tener a una mujer a tu lado? ¿Cómo no vamos a prosperar, cuando disfrutamos de la compañía de un ser tan espectacular rodeándonos, discerniendo a nuestro favor, aconsejándonos, profetizándonos, ayudándonos en todo, cubriéndonos emocional y sexualmente?

Si tu esposa no es así, redímela, desátala; saca de ella todo su potencial…

Estudia detenidamente el capítulo titulado: ¿Qué exige Dios de los hombres?

Capítulo 9

¿Por qué los hombres se resisten a escucharlas?

Capítulo 9

¿Por qué los hombres se resisten a escucharlas?

«(...) *Por cuanto obedeciste a la voz de tu mujer...*»

—Génesis 3:17 (énfasis añadido)

Tenemos que entender muy bien el contenido de este pasaje, ya que se ha utilizado, incorrectamente, para justificar algunas actitudes incorrectas de los hombres que tienden a no querer escuchar la voz de sus esposas. Con mucha razón, se han ganado la fama o el sello de «machistas». Que quede claro, no fue la intención de Dios que los hombres no escucharan a sus esposas.

Voz de Dios

Muchas veces —más de lo que algunos hombres quisieran aceptar—, nuestras esposas son la «voz de Dios» para nosotros, que nos confirma que estamos razonando bien. No escucharlas traería tropiezos para nuestra vida, ya que ellas son instrumentos de sabiduría para prevenirnos y para facilitarnos la vida. No tomar en cuenta esta ayuda que Dios puso a nuestro lado es buscarnos problemas gratuitamente.

Si Dios llamó a nuestras esposas «ayudas idóneas», es contradictorio que no las escuchemos. ¡Tenemos que escucharlas! Ellas poseen unas habilidades increíbles de las cuales tenemos que tomar ventaja, ya que nosotros, los hombres, no las poseemos. Ellas tienen una intuición impresionante que debemos de utilizar a nuestro favor. Hay ejecutivos muy exitosos, no, porque tengan todas las cualidades necesarias, sino porque han sabido aprovechar las habilidades de su equipo de trabajo.

Las mujeres saben discernir mejor que nosotros, sin tener que orar mucho. Logran olfatear cuando alguien no es de confianza. ¿Cuántas mujeres han escuchado a sus esposos decir? (¡ups! entre ellos, yo): «¡Qué prejuiciosa eres; esa persona es buena! ¿Qué le ves? Ellas responden: No sé, es algo que...no sé; no me va».

Como no le vemos lógica y no lo entendemos, le damos poca o ninguna importancia. No tomamos los recaudos necesarios. Luego, pasa el tiempo y... ¡sorpresa! Ella tenía razón con respecto a esas personas que «lucían muy bien» a nuestros ojos.

Como vimos al principio de este libro, sus cerebros funcionan de una manera extraordinaria que las ayuda a ver las cosas como un todo. No es lo mismo ver algo a través de un túnel, que ver el panorama completo. Ellas lo logran, mejor que nosotros. Por eso, muchas veces sus recomendaciones son muy acertadas.

Relacionistas públicas

Son relacionistas públicas por excelencia. Logran reconocer cuándo es tiempo de comunicarse, cuándo hay que llamar a alguien, porque, quizás, te están juzgando por no hacerlo. ¿Cuántas tienen que recordarles a sus maridos que llamen a sus propios padres, porque, si fuera por ellos, casi nunca se acordarían hacerlo? ¡Hasta de llamar a los hijos de él, de su primer matrimonio!

Planificadoras

¿Y qué, cuando planifican una salida? Nosotros queremos, por ejemplo, salir corriendo para el paseo porque lo único que tenemos en la cabeza es llegar al lugar para disfrutar. Nos incomodamos porque tardan en salir, porque están pensando demasiado en todo.

Llevan una mudanza, y nos molestamos por tener que cargar «tantas cosas» en el automóvil. Pero, cuando sentimos las picaduras de los mosquitos, ¡qué bueno es oír las palabras mágicas: «¡No te preocupes, mi amor, aquí te traje el repelente!» Cuando se nos pega aquella hambre atroz, ¡qué agradable es tener una comidita livianita y calentita, en vez de unos nachos o un «hot dog» frío. Ella se demoraba porque pensaba en tus necesidades y las de tu familia, aunque por eso tuviera que escuchar tus reproches. ¡Chicas amadas, por favor, perdónennos...!

Ahora bien, no todo es perfecto. Ellas también se equivocan. En ocasiones, son influenciadas por el temor; la inseguridad; el materialismo; el pecado, en general; y nosotros tenemos que desarrollar el «oído» para darnos cuenta de esto, que, a veces, su voz no proviene de Dios, sino de sus prejuicios o percepciones equivocadas. ¿Cómo se desarrolla ese oído?

Hombres con criterio propio

Los hombres tenemos que tener criterio propio. Dios lo otorga a los que asumen responsabilidad de ser cabezas. Debemos tener un sentido de orientación, para dirigir a nuestras familias. Es imprescindible que los hombres desarrollen una relación con Dios para recibir de Él estas virtudes de carácter, cualidades que los hacen ser hombres dignos de ser seguidos por admiración y no por imposición.

Los hombres son responsables de tomar decisiones en todas las áreas de la vida; pero, para asegurarse de que van en la dirección correcta, primeramente, deben ocuparse de conocer el consejo bíblico y encomendar a Dios sus caminos; segundo, consultar a sus esposas.

Tienes que escuchar a tu esposa porque, probablemente, tengas la dirección correcta, pero el procedimiento para alcanzar tu objetivo sea equivocado. Ella te ofrecerá unas perspectivas que no habías visto, que te ayudarán a hacer unos ajustes a tus planes. Cuando aceptes sus recomendaciones, a ella se le hará mucho más fácil apoyarte. La sana y respetuosa discusión traerá como resultado armonía, y lograrás ese objetivo de la mejor forma posible. El hecho de que ambos estén de acuerdo hace que disfruten juntos de los resultados; y si algo saliera mal, asuman juntos las consecuencias.

Cuando un hombre no logra ponerse de acuerdo con su esposa en lo que quiere, lo sabio es que busque, como dicen las Escrituras, *la multitud de consejos: «Donde no hay dirección sabia, caerá el pueblo; mas en la multitud de consejeros hay seguridad»* (Proverbios 11:14). Luego de armonizar todos esos consejos, entonces toma la decisión que corresponda. ¡Por favor, esa «multitud de consejeros» no son papá y mamá! Tu esposa se sentirá humillada por el hecho de que tus padres tengan una mayor influencia que ella en tus decisiones.

Rara vez he tenido que tomar determinaciones en las que mi esposa no ha estado de acuerdo. He seguido este procedimiento, y las cosas me han salido extraordinariamente bien. Mi esposa se ha sentido orgullosa de mí, y hasta le ha servido para «descansar» y confiar en futuras situaciones. Debo aclarar que estos casos son rarísimos. Por lo general, estamos de acuerdo y tomamos decisiones juntos.

Somos responsables, delante de Dios, de escuchar a nuestras esposas, pero tenemos que obedecer a Dios. El señalamiento que le hizo a Adán fue: «por cuanto obedeciste la voz de tu mujer...».

En el libro que escribí anteriormente, mencioné una anécdota específica que tiene que ver con esto. Considero pertinente citarlo aquí:

Recuerdo una noche en que llegué a mi casa, después de haber estado todo el día en otra parte del país. Esa noche nuestra congregación celebraba una vigilia de oración e intercesión. Mi familia me recibió en la puerta con alegría; mi esposa, nuestros hijos, y los niños de una familia de la congregación. Lo que me pareció interesante fue que todos los niños estaban vestidos en pijamas, pero con ambiente de fiesta.

—¿Está pasando algo aquí, de lo cual no estoy enterado? —pregunté, con una sonrisa. Mi esposa contestó:

—Yo supongo que no vas a ir a la vigilia, ¿verdad? Son las diez de la noche, y acabas de llegar. La vigilia ya habrá comenzado. Me imagino que estarás cansadísimo, después de trabajar y venir de un viaje de dos horas. Como yo sabía que ibas a llegar tarde, y ellos me pidieron permiso para hacer una fiesta en pijama («pijama party», la cual también es una vigilia, solo que se hace compartiendo, comiendo, escuchando música y haciendo juegos), pues... les dije que sí.

En ese momento, me sentí tentado a dejarme llevar por los acontecimientos (la voz de mi esposa) y turbado por la presión que sentía. Ella les había dado permiso, y los niños ya estaban de fiesta; pero, por otro lado, yo sabía que debía ir a la vigilia. Oré en silencio y le pregunté al Señor qué debía hacer. Sentí bien claro en mi corazón que debía ir y ser firme con mi familia.

Les dije:

—Me encantaría que hicieran la fiesta aquí, pero nos mudamos para hacerla en la iglesia. Yo nunca dije que no iríamos a la vigilia; y, aunque lo que pensaron tenía lógica, considero que debemos ir. Yo me comprometo a que tendrán su fiesta, pero hoy no será. Tenemos un deber, y es estar con la congregación, como estaba planificado, para hacer guerra espiritual y reclamar, en oración, la ciudad para Cristo.

Mi esposa me miró como no pudiendo creer lo que oía.

—Mi amor, yo creía que ya no íbamos —me reiteró.

—No te preocupes. Todo está bien, pero esto no es negociable.

Mi esposa sabe que rara vez uso ese término (esto no es negociable), pero cuando lo hago es porque, después de haber escuchado lo que tengan que decirme, lo pienso y pido dirección a Dios, y lo que concluyo es final.

Mildred respondió con sabiduría:

—Bueno, chicos, ya oyeron. ¡A cambiarse de ropa, que nos vamos!

¡Esto es sujeción!

En ese momento, le pedí a Dios con todo mi corazón: «Señor mío, por favor, glorifícate en la vigilia. Aunque no me des nada para mí, por favor, bendice grandemente a mi familia. Espíritu Santo, derrama tu gloria en la iglesia, para que mis hijos valoren por qué fui tan firme y terminante en estos momentos. Ayúdame a enseñarles a ser radicales para ti».

Vimos la gloria de Dios manifestarse a tal grado que cuando subimos al automóvil para regresar a la casa, eran las siete de la mañana del día siguiente. Con un rostro brillante de la alegría que sentía, les pregunté a mis hijos:

—Bueno chicos, ¿qué creen? ¿Valió la pena haber venido a la vigilia?

Los dos saltaron de sus asientos y me abrazaron:

—Papi, gracias por haber insistido. ¡Qué tremenda estuvo esta vigilia! De verdad, papi, valió la pena.

Mi esposa, sonriendo, me dijo:

—¡Me siento tan orgullosa de ti!

—¿Por qué? —le pregunté.

—Porque cuando tienes que ser flexible, lo eres; y cuando tienes que ser firme, también.

¿Qué obstaculiza que los hombres las escuchen?

El mal uso de sus virtudes las traiciona. El hecho de que las mujeres se sientan capaces, que sean sacrificadas, piensen en todo, trabajen tanto sirviendo a sus familias y sean buenas planificadoras las hace, en ocasiones, proyectarse con demasiada autoridad.

Los esposos no escuchan a mujeres *autoritarias*, aunque tengan la razón; no escuchan a mujeres *mandonas*, aunque lo que impongan sea razonable; no escuchan a las *regañonas*, aunque sus señalamientos sean correctos; no escuchan a las *controladoras*, aunque tengan un buen plan. Todo esto es muy difícil de explicar y más difícil de entender aún; porque la razón, los señalamientos, el plan son correctos. Pero la razón no justifica la actitud que asumes. El problema está en el estilo utilizado.

El idioma del respeto

El único idioma que los hombres «escuchan» es el idioma del respeto. No trates de imponer, no le des órdenes, no trates de controlarlo, no le impongas nada y lograrás mucho más de él. Las mujeres pueden llevar a los hombres al lugar que ellas quieran, cuando utilizan el respeto por la figura del varón como la vía para lograr sus propósitos; asimismo, el hombre puede lograr muchas cosas de su esposa, por la vía del romance.

CAPÍTULO 10

¿QUÉ EXIGE DIOS DE LOS HOMBRES?

Capítulo 10

¿Qué exige Dios de los hombres?

Para Dios, la mujer es un don dado al hombre; y es tan extraordinaria, tan delicada, tan sofisticada que, por eso, ha *exigido* un trato muy especial para ellas. Fueron diseñadas para ser amadas. El amor de sus maridos es el combustible que ellas necesitan para convertirse en las perfectas ayudas idóneas.

En este pasaje bíblico, encontraremos los «mandamientos» de Dios para que los hombres suplan las necesidades más apremiantes que las mujeres experimentan continuamente; no importa qué edad tengan ni cuántos años de casadas, siempre las tendrán.

Dejar de practicar estos mandamientos podría provocar un gran vacío en su corazón; poco a poco, la tristeza podría cobrar su factura y robar aquellas cualidades que la distinguían, que fue lo que probablemente hizo que te enamoraras de ella.

> *«Maridos,* ***amad*** *a vuestras mujeres, así como Cristo amó a la iglesia, y se* ***entregó a sí mismo*** *por ella, para santificarla, habiéndola purificado en el lavamiento del agua por la palabra, a fin de* ***presentársela a sí mismo****, una iglesia gloriosa, que* ***no tuviese mancha ni arruga*** *ni cosa semejante, sino que fuese santa y sin mancha»* (Efesios 5:25–27 énfasis añadido).

Este pasaje es muy claro, específico y contundente.

Ama a tu esposa

Si se fijan, la insistencia de Dios es que amemos a nuestras esposas. El apóstol Pablo pone un ejemplo que «nos mete en problemas»: *«como Cristo amó a la iglesia»*. El que sabe lo difícil que se le ha hecho a Jesucristo tratar con la iglesia sabrá lo que esto significa. Ella no ha sido fácil, ya que ha cometido serios errores, a través de la historia; ha sido remisa, desobediente; no ha sabido amar a Cristo y servirle como es debido. Ha habido momentos de avivamiento, pero luego se enfrió. Se queda dormida, cuando se supone que debe estar esperando el regreso del Mesías, así como la novia recién casada espera a su novio en la noche de boda. «Cualquier similitud con la vida real de un matrimonio es pura coincidencia».

En otras palabras, «Cristo se ha roto la cabeza» con ella. Pero su obstinado amor por la iglesia la ha mantenido viva, creciendo, aprendiendo, perfeccionándose, y así seguirá hasta que se cumpla el tiempo. Probablemente, nunca llegue a ser enteramente perfecta; pero, como el amor cubre multitud de faltas, Jesús seguirá cubriéndola hasta que prepare para sí una esposa que no tenga *mancha ni arrugas*.

El amor hermosea a la mujer

Por lo general, encontraremos frente a una mujer mayor, pero hermosa, a un hombre sensible, amante de su esposa, que le cubre sus defectos con paciencia, en amor. Las mujeres bien amadas tienden a ser cuidadosas de su apariencia; mientras que las que no han sido regadas por el rocío del amor incondicional de sus esposos, se marchitan por dentro, y eso se refleja por fuera. Se dejan engordar y se descuidan. (Estoy generalizando.)

Jesús es el Pastor de su novia, la Iglesia; así, los maridos hemos sido llamados a ser los pastores de nuestras esposas. Claro está, nadie recibe una enseñanza que no pueda ver en la vida de su maestro. No hay mejor pastor que el que enseña a través de su ejemplo. Todo lo que queramos que nuestras esposas aprendan y cambien, necesitaremos «modelárselo» primeramente. Jesús no tuvo problemas en esa área, pero es precisamente aquí donde la mayoría de nosotros los hemos tenido, pues exigimos lo que no estamos dispuestos a dar.

«¡No, porque yo la amo y por eso me sacrifico tanto por ella! ¡Hay que ver como me reviento trabajando por amor a ella y a mi familia!» Está bien, yo lo puedo entender porque soy hombre al igual que tú. Tienes razón desde el punto de vista de que esta es tu forma de demostrar amor, cómo te sacrificas trabajando. Ella lo aprecia, lo agradece; la hace sentir segura; pero ser un buen proveedor no la hace sentir amada.

> «Así también los maridos deben amar a sus mujeres como a sus mismos cuerpos. El que ama a su mujer, a sí mismo se ama. Porque nadie aborreció jamás a su propia carne, sino que la sustenta y la cuida, como también Cristo a la iglesia, porque somos miembros de su cuerpo, de su carne y de sus huesos» (Efesios 5:28–30).

¡Qué interesante!: «El que ama a su mujer, a sí mismo se ama». Digo que me parece interesante porque los hombres que decidieron no seguir amando a sus esposas, parecen aborrecerse a sí mismos. No se soportan ni a sí mismos; hasta se alejan de sus propios hijos porque sienten que ya no pueden amar a nadie; incluso, se enfrían en su relación con Dios. Se afecta el rendimiento en sus trabajos porque el mal humor los embarga, y mantener relaciones interpersonales con sus compañeros se dificulta. Esos son los momentos estratégicos para que Satanás le traiga en bandeja de plata a una sustituta. ¡No caigas en esa trampa...es más de lo mismo!

Cuando el hombre hace un esfuerzo por amar a la mujer que tiene, por el compromiso que hizo, y se esfuerza por conciliar la situación y avivar el fuego del amor que siente que ha perdido, lo que hace es amarse a sí mismo. De hecho, nadie puede amar a nadie, más de lo que se ama a sí mismo. Así que amar a su mujer es amarse a sí mismo.

¡Sé hombre!

No huyas... no te acobardes. Lucha por resolver la situación. No seas egoísta. Criticamos a las mujeres por lo emocionales que son, pero a la hora en que «nos sentimos confundidos» porque ya no sabemos si las amamos o no, nos convertimos en hombres emocionales.

No actúes por sentimientos, actúa como un hombre. Los hombres caminan por compromiso. Los hombres de palabra sostienen su palabra. ¡Vamos, echa el cuerpo al agua! Esfuérzate y sé valiente, que Jehová tu Dios estará contigo en todo lo que hagas por arreglar lo que se ha dañado.

Te sentirás más hombre, cuando descubras que todavía puedes convertirte en un héroe. Héroe de tu propia alma, porque te salvaste de una tragedia; héroe de tu esposa, porque la volviste a conquistar, si estaba desilusionada. Héroe de tus hijos, porque demostraste cuán maduro eras cuando superaste las actitudes de rechazo y de repudio que trataron de dominarte. ¡Lograste salvar el castillo de tu familia!... ¡Te felicito!

El idioma de las mujeres

Volvamos al tema de cómo amar a nuestras esposas. Las mujeres, cuando se trata del amor, parecen hablar otro idioma. Si los hombres se resisten a hablarlo, porque les parece «cursi», siempre estarán de dificultad en dificultad. Es como estar en un país extranjero y no saber la lengua nativa. Y el asunto es que, en lo que respecta al amor matrimonial, no hay tal cosa como un idioma «universal». O terminas aprendiendo el de ella o te pasarás la vida haciéndole señas e interpretándola mal.

Sí, sé que es muy difícil, pero de eso se trata. Creceremos, maduraremos, adquiriremos sabiduría, oraremos muuuuchooo. Todo esto anterior nos hará mejores hombres, más capaces, menos «vikingos».

Amor en tres dimensiones

Ellas necesitan expresiones de amor, de afecto y de cariño en un plano «tridimensional».

—¡¿What? ¿Qué es eso?!

Bueno, lo que significa es que les debemos demostrar el amor espiritual, emocional y físicamente.

Espiritualmente: Necesitan que oremos en voz alta con ellas, tomados de sus manos. Quieren escuchar cómo las bendecimos en nuestros corazones. Necesitan escuchar si damos gracias a Dios por ellas, si todavía las consideramos como un don de Dios para nosotros, si las reconocemos delante del Señor como las ayudas idóneas que fueron llamadas.

Si no estás del todo convencido, por lo menos, decide profetizar sobre ella, basándote en la Escritura que dice «que Dios llama lo que no es como si fuera». Recuerda, no llames a esto mentir, ni ser hipócrita; llámalo fe, llámalo obediencia a la Palabra, sobre todo, cuando se trata de ayudar, animar a tu esposa a salir del estancamiento espiritual en que se encuentra.

Además, ¿cuántos hombres se atreven a orar junto a ellas, antes de tener relaciones sexuales y le piden al Señor que les unja las manos para acariciarla, que los dirija en todo para lograr llevarla al máximo de su potencial sexual? Que ella te escuche decirle al Espíritu Santo que te ayude a bendecirla durante ese tiempo de intimidad. Cuando termines de orar, probablemente ella estará ya «por los quintos cielos».

Emocionalmente: Las mujeres necesitan oír lo que ya saben. Saben que están bonitas, pero necesitan escuchar de nosotros que lo están. Saben que las amamos, pero necesitan oírlo una y otra vez. Ellas son emocionales y necesitan la «chulería» de nuestra aprobación verbal para alimentar sus emociones. Dicho sea de paso, no solo nuestra aprobación verbal, también nuestra aprobación facial. Me refiero a que las mujeres tienen un «scanner» en su mirada que logra detectar cómo está nuestro estado de ánimo hacia ellas. Si detectan en nuestra mirada alguna señal de disgusto o de indiferencia, o cualquier cosa parecida, se pondrán inquietas o incómodas.

Ellas no son culpables de esto. Fueron diseñadas para ser amadas y no funcionan de otra manera. Trata de echarle agua a un motor de gasolina. No vas ni de aquí a la esquina con ese vehículo. Claro que la mujer que ha aprendido a llenar su propio tanque con el amor de Dios puede llegar muy lejos y darle un buen servicio aun al que solo sirve para darle «paleta» (carrera) y no le da mantenimiento. Ahora bien, estos irresponsables tendrán que darle cuentas a Dios por lo que fueron llamados a hacer y se negaron a hacerlo.

Físicamente: Ellas necesitarán que las toquen como una expresión de cariño. Esto significa que les agrada mucho que frecuentemente les hablemos con nuestras manos, acariciándolas, en señal de que «no me he olvidado de ti, sé que estás ahí; estoy disfrutando de tu compañía».

Disfrutan mucho de abrazos y besos prolongados, no sexuales, donde ellas sientan que se lo dan, no, para sacarle provecho. Les fascina ver que se nos «activó la cosa», pero nos controlamos para «hacerlo más emocionante, luego».

> «Por esto dejará el hombre a su padre y a su madre, y se unirá a su mujer, y los dos serán una sola carne. Grande es este misterio; mas yo digo esto respecto de Cristo y de la iglesia» (Efesios 5:31, 32).

«***Dejará***» No voy a dedicar mucho a discutir esto porque es de todos sabido que un matrimonio, para poder funcionar bien, tiene que desligarse de los vínculos de autoridad y de dependencia de sus padres. Esto es para ambos, hombre y mujer. Primero, somos responsables de suplir las necesidades de nuestros cónyuges y luego, la de nuestros padres.

«***Se unirá a su mujer y serán una sola carne***» Oye bien, varón, esto también aplica para el día en que no tengas ganas. Es egoísta que la mujer no pueda negarse cuando él tiene ganas y que él se pueda negar porque es hombre. ¡Pero es que no puedo con el empuje porque ella es muy activa! Bueno, pues tendrás que tomar la siesta y vitaminizarte para suplir sus necesidades. Todo lo que sea necesario para mantenerte listo para toda buena obra... ¡hazlo!

> «Por lo demás, cada uno de vosotros ame también a su mujer como a sí mismo» (Efesios 5:33).

El hombre que se comprometa a vivir este estándar de vida será grandemente bendecido por Dios. Tu esposa florecerá y perfumará todo tu alrededor, aun tus hijos sentirán acercarse a Dios por el impacto de la unción que se derrama en el hogar cuando un hombre decide amar a su esposa como Dios manda.

El Salmo 133 dice:

> «¡Mirad cuán bueno y cuán delicioso es habitar los hermanos juntos en armonía! Es como el buen óleo sobre la cabeza, el cual desciende sobre la barba, la barba de Aarón, y baja hasta el borde de sus vestiduras; como el rocío de Hermón, que desciende sobre los montes de Sion; Porque allí envía Jehová bendición, y vida eterna».

Al suplir estas necesidades la harás sentir segura, la impresionarás, la mantendrás en un alto nivel de admiración por ti. Al practicar estas cosas tendrás la capacidad de sacar lo mejor de ella porque se sentirá muy estable. Es como una espiral ascendente que nos llevará *«de gloria en gloria»*.

> «Vosotros, maridos, igualmente, vivid con ellas sabiamente, dando honor a la mujer como a vaso más frágil, y como a coherederas de la gracia de la vida, para que vuestras oraciones no tengan estorbo» (1 Pedro 3:7).

«***Sabiamente***»: No hay duda que se necesita la sabiduría de Dios y su santa ayuda para lograr hacer feliz a una mujer. Por eso Él diseñó las cosas así; estamos obligados a buscar el rostro de Dios porque Él es el único ingeniero de vuelo que te hará manejar y elevar este trasbordador espacial. De lo contrario te estrellarás inevitablemente.

Todos nacemos con la «capacidad de pilotear un avión», pero Dios es el único adiestrador que te convertirá en un experto astronauta capaz de volar ese sofisticado aparato sin destruirlo. Le costó demasiado a Dios como para ponerla en manos de un suicida o un inexperto. Lamentablemente, todavía hay quienes no saben ni manejar un automóvil en tierra y pretenden volar algo tan sofisticado.

Mateo 19:10 dice que después que Jesús habló del matrimonio, algunos de los discípulos respondieron así: «*Si así es la condición del hombre con su mujer, no conviene casarse*». En otras palabras, entendieron muy bien lo que significaba el compromiso matrimonial y, en su carne, reconocieron que no eran capaces. Solo Dios puede capacitar a un hombre para hacer feliz a su esposa.

«***Dando honor como vaso frágil***»: Esta expresión es muy comprometedora, porque no hay lugar para interpretaciones «convenientes». Primeramente, el asunto de dar honor, tiene muchos significados para las mujeres. Se trata del honor del reconocimiento.

Se practica mucho en los equipos de trabajo dirigidos por buenos gerentes, que se hacen cenas especiales donde se reconocen los logros sobresalientes del personal. Se entregan certificados, placas y regalos para hacer saber públicamente el buen trabajo que están haciendo. Probablemente, esos empleados harían ese mismo buen trabajo con reconocimientos o sin ellos, porque la fuente de sus aportaciones es su propia dignidad. No obstante, qué bueno y refrescante es recibir esos halagos y agradecimientos. Nos llena de fuerzas para hacer más, además de la chispa de alegría que imparte.

Las mujeres disfrutan servir; son servidoras hasta inconscientes, no pueden evitar sentirse responsables de las atenciones a la gente. Lo que alimenta ese espíritu de ayuda y de solicitud son los reconocimientos de su familia, pero, sobre todo, los de su esposo.

Otra manera de darle honra a una mujer es reconociéndola en público. Ella se siente honrada cuando su esposo le toma las manos en público mientras van caminando; cuando le echan el brazo cuando están sentados; cuando le abren la puerta en un estacionamiento, etc. Necesitan sentir que estamos orgullosos de ellas; es como si, tomándole las manos en público, le estuviéramos diciendo a todo el que nos ve: «¡Estoy orgulloso de mi esposa! ¡Me agrada andar con ella! ¡Ésta es mi esposa, sépalo todo el mundo!».

Hay veces que a las mujeres les da un poco de vergüenza, cuando su esposo nunca las acompaña a ningún lugar público. Nos puede parecer increíble que se sientan así, porque, probablemente, nosotros jamás pensaríamos de esa forma.

¡Ah!, debo aclarar que hay hombres que hacen halagos a sus esposas en público, pero nunca lo hacen en privado, a solas. Cuídense de eso, porque a ellas les puede resultar algo hipócrita que estemos dispuestos a halagarlas en público, pero no en privado.

«*Como a vaso frágil*»: Este ser es muy tierno y frágil. Se puede herir con facilidad; cualquier incremento en los decibeles del sonido de nuestra voz sería suficiente para quebrarla o lastimarla. Debemos recordar que Dios la creó así de sensible.

No protestemos contra eso, al igual que no lo hacemos cuando compramos un equipo electrónico delicado, como una computadora o un sistema de sonido sofisticado, que no permitimos que cualquier persona lo use, justamente por ello. Hasta nos emociona saber que estamos manejando un equipo así, y se lo enseñamos a nuestros amigos con orgullo.

Con esa misma mentalidad, debemos sentirnos orgullosos de «la clase de máquina que manejamos», y lograr operarla debe ser motivo de orgullo.

Sí, porque nuestra hombría se refleja en nuestra habilidad de amarla, cubrirla, suplir sus más apremiantes necesidades y caminar junto a ella utilizando sus virtudes para lograr juntos nuestras metas. En última instancia, en realidad, ¿qué es ser hombre? La definición que yo siempre he dado a esta pregunta es: Saber hacer feliz a una sola mujer por toda una vida.

«***Para que vuestras oraciones no tengan estorbo***»: Señores, esto es serio. Delicadamente, pero con mucha firmeza, Dios nos está diciendo, en otras palabras: «Si no te comportas así y si no tratas a tu mujer así, con mucha dificultad te escucharé cuando oras. No pierdas el tiempo buscándome, mejor deja allí tu ofrenda, vete y reconcíliate con ella primero, y entonces, regresa y preséntame tu ofrenda. ¿Cómo puedes decirme que me amas cuando nunca me has visto, y no puedes amar como es debido a la esposa que te di por compañera, con la que te acuestas todos los días? Mientras su corazón esté herido, yo estaré herido. ¿Quieres mi bendición? Pues te la daré, pero ve y sana el corazón de mi hija primero».

Creo que una de las razones de la debacle espiritual de los últimos tiempos es esta triste realidad. Hasta los Pastores, que predican el evangelio y el amor de Dios están repudiando a sus esposas. Ahora tuercen las Escrituras con una facilidad increíble, con tal de justificar sus hechos, y buscan respaldo entre los miembros de sus congregaciones, como aliados en sus intenciones de divorciarse. Creo que Jesús diría: «En aquel día habrá más misericordia para Sodoma y Gomorra, que para estos».

Varias cosas me movieron a arrepentirme del mal trato que le daba a mi esposa; una de ellas es que temo a Dios;

indiscutiblemente, lo amo, a pesar de mis faltas y, cuando Él me reprendió, fue suficiente. Además, me motivé porque quería proveerles a mis hijos un ambiente donde pudieran conocer a Dios. No hay manera de que nuestros hijos digieran el evangelio, si no hay un clima de amor y de afecto entre sus padres.

Por último, y no por eso menos importante, me estimulé a cambiar, porque ya Mildred había dejado de ser aquel ser jovial, juguetón y súper cariñoso. Me servía en todo el sentido de la palabra, pero ya no era igual. Comencé a echar de menos a aquella mujer de quien me había enamorado. Dios me hizo entender que yo mismo había echado a perder todo eso, porque ahora la tristeza había embargado su corazón.

Hay dos opciones para resolver esto: repudiarla, porque «ya no es la misma» o asumir responsabilidad por lo que hemos aportado a la situación. Yo elegí la segunda...

¡Agárrate, varón!, que lo que viene ahora es aún más duro.

> *«Jehová cortará de las tiendas de Jacob al hombre que hiciere esto, al que vela y al que responde, y al que ofrece ofrenda a Jehová de los ejércitos. Y esta otra vez haréis cubrir el altar de Jehová de lágrimas, de llanto, y de clamor; así que* ***no miraré más a la ofrenda, para aceptarla con gusto de vuestra mano****. Mas diréis: ¿Por qué? Porque* ***Jehová ha atestiguado entre ti y la mujer de tu juventud****, contra la cual has sido*

> ***desleal,*** *siendo ella* ***tu compañera, y la mujer de tu pacto.*** *¿No hizo él* ***uno,*** *habiendo en él* ***abundancia de espíritu****? ¿Y por qué uno? Porque buscaba una* ***descendencia para Dios. Guardaos, pues, en vuestro espíritu,*** *y no seáis desleales para con la mujer de vuestra juventud. Porque Jehová Dios de Israel ha dicho que él* ***aborrece el repudio, y al que cubre de iniquidad*** *su vestido, dijo Jehová de los ejércitos. Guardaos, pues, en vuestro espíritu, y no seáis desleales»* (Malaquías 2:12–16 énfasis añadido).

Significa que desde que ella se convierte en tu esposa ya no tienes amigas. Ella es tu única amiga y compañera que tendrás en la vida. Nadie te servirá de consejera ni de paño de lágrimas, sino ella; o algún amigo capacitado, Pastor o profesional. Cuando se trata del sexo opuesto, solo tu cónyuge es tu amiga(o). Todo el que haga lo contrario está siendo desleal e infiel.

Desde el momento en que te expongas a otra mujer para hacer lo que se supone que hagas con tu esposa, aunque sea para desahogarte, eso se constituye en una deslealtad. Todos sabemos que ahí es donde comienzan la gran mayoría de los adulterios. Casi nunca se inicia con la mala intención. Termina en infidelidad lo que comenzó siendo un momento de «apoyo» emocional, donde lo único que se prestaron fueron los oídos; y luego, se siguieron «prestando otras cosas».

«*Jehová ha atestiguado*»: Dios se hace testigo en el juicio entre tú y tu esposa. ¿Te puedes imaginar eso? A la hora en que tengas que dar cuentas por cómo manejaste la relación con tu esposa, Dios será quien atestigüe a favor de ella y, obviamente, en tu contra.

«*Entre ti y la mujer de tu juventud*»: Con cuánta facilidad justifica la separación y el divorcio, para luego aparecer con una mujer mucho más joven que él. Me entristece que haya hombres que se sienten más hombres por el orgullo de tener una joven por mujer, cuando esto debe ser su vergüenza.

Perdonen si sueno muy duro. Me parece una vergüenza que estos hombres no se den cuenta de que la gran mayoría de estas jóvenes andan con ellos por lo que tienen y, no, por lo que son. Que probablemente éstas les sean infieles en algún momento, porque ellas todavía tienen la fuerza de la juventud, mientras que ellos van en descenso, aunque no lo quieran aceptar.

«Contra la cual has sido *desleal*, siendo ella *tu compañera*, y *la mujer de tu pacto.*»

Pues Dios ha dicho que a la hora de la verdad, Él saldrá como testigo en el juicio a favor de la mujer que te dio su juventud y que luego repudiaste, cuando ya le habías sacado el provecho que te interesaba. ¡Ups! ¡Sorry!

«¿No hizo él uno, habiendo en él *abundancia de espíritu?*» Aquí se refiere a que Dios los hizo uno. Que esa unidad posee abundancia de espíritu. En otras palabras, Dios proveyó para esa unidad, que se llama matrimonio, abundancia de recursos espirituales. Todo el que recurra a ese poder podrá salir adelante.

Si no «pudieron», fue más bien porque no quisieron recurrir a lo espiritual. En el Espíritu, hubieran descubierto recursos ilimitados para resolver todo conflicto; incluso, el más difícil de todos, que abunda en estos días: el «ya no siento».

Pues, como mencioné anteriormente, Filipenses 2:12–13, dice: «ocupaos en vuestra salvación con temor y temblor, porque Dios es el que en vosotros *produce así el querer* como *el hacer*, por su buena voluntad».

Descendencia divina

La referencia bíblica anterior, de Malaquías, continúa diciendo: «¿Y por qué uno? Porque buscaba una *descendencia para Dios*».

Dios aquí está contestando una pregunta muy importante. *¿Por qué los uní y les di abundancia de espíritu?* Pues he aquí la respuesta: «Porque buscaba una descendencia para Dios». Como mencioné en mi primer libro, a los niños se les hará muy difícil amar a Dios, si no han visto a sus padres amándose entre ellos. Un joven de la Academia de nuestra congregación le comentó a su padre que él había llegado a la conclusión de que los estudiantes que venían de hogares estables —defínanse como hogares de padres con una buena relación matrimonial que buscan a Dios como familia— tenían mejor rendimiento académico y eran los mejores en conducta.

Esta observación confirma las intenciones de Dios cuando creó la institución del matrimonio, cuando estableció orden en la relación y cuando reveló sus propósitos en crear a la mujer con sus cualidades sobresalientes.

Las familias que caminan en el «temor de Dios» (respeto reverente por amor a Dios) tendrán la capacidad de dejar un legado divino para la próxima generación. No solo disfrutarán de hijos maravillosos en los cuales tengan su contentamiento, sino que gozarán de ver abrirse a futuras generaciones una línea de redención.

Sus hijos gozarán de matrimonios sólidos, primeramente porque supieron escoger a sus compañeros respectivos (aunque les haya costado trabajo) y luego, porque aprendieron por el modelo, a llevar un hogar en orden. Esto se pasará de generación en generación.

¡Qué gratificante sería poder cerrar los ojos por última vez, sabiendo que no tenemos que esperar a ver lo que conocemos que ocurrirá en la vida de nuestros nietos, bisnietos y tataranietos, porque la *línea de redención quedó establecida.* Porque la familia quedó santificada para Dios, a causa de nuestra fe!

Habrá momentos en los que te parecerá que no podrás, pero si te fortaleces en Dios, lograrás vencer la carne por el poder del Espíritu Santo.

Romanos 8:12–19 dice:

> «Así que, hermanos, deudores somos, no a la carne, para que vivamos conforme a la carne; porque si vivís conforme a la carne, moriréis;

mas si por el Espíritu hacéis morir las obras de la carne, viviréis.

Porque todos los que son guiados por el Espíritu de Dios, éstos son hijos de Dios. Pues no habéis recibido el espíritu de esclavitud para estar otra vez en temor, sino que habéis recibido el espíritu de adopción, por el cual clamamos: ¡Abba, Padre!

El Espíritu mismo da testimonio a nuestro espíritu, de que somos hijos de Dios. Y si hijos, también herederos; herederos de Dios y coherederos con Cristo, si es que padecemos juntamente con él, para que juntamente con él seamos glorificados.

Pues tengo por cierto que las aflicciones del tiempo presente no son comparables con la gloria venidera que en nosotros ha de manifestarse. Porque el anhelo ardiente de la creación es el aguardar la manifestación de los hijos de Dios».

Capítulo 11

El orden de Dios para la familia

Capítulo 11

El orden de Dios para la familia

Sentimos la necesidad de compartir en familia porque Dios creó las cosas así. Él habita en familia. La primera familia terrenal que existió fue la de Dios Padre y sus hijos Adán y Eva, en el hogar que Dios les preparó: el Edén. Este fue el primer hogar conocido sobre la tierra.

Eso explica el por qué no se puede disfrutar por completo de la institución familiar, de la bendición de un hogar, sin la presencia de Dios en él. La familia comienza con una relación con el Creador; sin Dios, la familia está incompleta.

Todos los seres humanos sentimos la necesidad de habitar en familia, porque así fuimos creados. Dios le dio a la familia un orden particular, como se lo dio a todas las cosas.

Para que haya excelencia en la vida tiene que haber un orden, al igual que en la familia. El lugar de convivencia familiar tiene que ser un lugar acogedor, lleno de armonía y paz.

Por eso es tan importante que entendamos cómo Dios creó todas las cosas, para que no nos salgamos del diseño original y podamos disfrutar de la armonía y delicia de una vida abundante. Comprender la naturaleza del hombre y de la mujer, y saber cómo estos dos pueden complementarse y nutrirse mutuamente es descubrir el *«Edén escondido»* en este tiempo. El lugar perfecto para criar hijos saludables.

Es allí donde los niños varones descubren la belleza de ser hombre y las niñas descubren la belleza de ser mujer. Es allí donde ambos descubren la belleza del funcionamiento armonioso. Es allí donde aprendemos a valorar las palabras de Dios cuando creó a aquel ser que sería imagen y semejanza de Él, cuando dijo: «Varón y hembra los creó».

Precisamente, la intención de este libro es que el conocimiento del carácter de Dios, el conocimiento de lo que Cristo vino a hacer para restaurar las cosas como al principio, el conocimiento del orden que Él dispuso cuando diseñó la creación, sirva para que toda su vida se alinee con el plan divino, y como consecuencia: valore, madure, luche en la dirección correcta, sea victorioso(a), crezca en sabiduría, prospere, sea feliz, etc.

Los dos extremos: El machismo y el feminismo

Las tendencias culturales alrededor del mundo han afectado el orden familiar y hasta han restado credibilidad al concepto de matrimonio y familia. Los dos extremos de los movimientos ideológicos históricos que han impactado la armonía de la familia son: el autoritarismo machista y la liberación femenina. Tengo que reconocer que el feminismo es una respuesta al atropello que representa el machismo para las mujeres. No obstante, ambos movimientos han destrozado el propósito, la visión y el orden familiar que por naturaleza tanto necesitamos.

Cabe señalar que lo que exige el movimiento feminista es legítimo, porque la mentalidad del autoritarismo machista es que la mujer y los hijos existen como una especie de propiedad del hombre para ser utilizados a su discreción. Obviamente la Biblia no es feminista, sin embargo, valora mucho a la mujer dándole el lugar que Dios le otorgó en la creación.

La escena de Jesús con la mujer Samaritana le dio una lección a los machistas. No era lícito, según la tradición de los judíos, que Jesús conversara con algún samaritano, mucho menos con una mujer. Sin embargo, Jesús rompió con esa prohibición cultural y le dio a esa mujer una de las enseñanzas más importantes del Nuevo Testamento con respecto a lo que es la verdadera adoración a Dios.

> «Vino una mujer de Samaria a sacar agua; y Jesús le dijo: Dame de beber. Pues sus discípulos habían ido a la ciudad a comprar de comer. La mujer samaritana le dijo: ¿Cómo tú, siendo judío, me pides a mí de beber, que soy mujer samaritana? Porque judíos y samaritanos no se tratan

entre sí. Respondió Jesús y le dijo: Si conocieras el don de Dios, y quién es el que te dice: Dame de beber; tú le pedirías, y él te daría agua viva. La mujer le dijo: Señor, no tienes con qué sacarla, y el pozo es hondo. ¿De dónde, pues, tienes el agua viva? ¿Acaso eres tú mayor que nuestro padre Jacob, que nos dio este pozo, del cual bebieron él, sus hijos y sus ganados? Respondió Jesús y le dijo: Cualquiera que bebiere de esta agua, volverá a tener sed; mas el que bebiere del agua que yo le daré, no tendrá sed jamás; sino que el agua que yo le daré será en él una fuente de agua que salte para vida eterna. La mujer le dijo: Señor, dame esa agua, para que no tenga yo sed, ni venga aquí a sacarla.

Jesús le dijo: Ve, llama a tu marido, y ven acá. Respondió la mujer y dijo: No tengo marido. Jesús le dijo: Bien has dicho: No tengo marido; porque cinco maridos has tenido, y el que ahora tienes no es tu marido; esto has dicho con verdad. Le dijo la mujer: Señor, me parece que tú eres profeta. Nuestros padres adoraron en este monte, y vosotros decís que en Jerusalén es el lugar donde se debe adorar. Jesús le dijo: Mujer, créeme, que la hora viene cuando ni en este monte ni en Jerusalén adoraréis al Padre. Vosotros adoráis lo que no sabéis; nosotros adoramos lo que sabemos; porque la salvación viene de los judíos. Mas la hora viene, y ahora es, cuando los verdaderos

> adoradores adorarán al Padre en espíritu y en verdad; porque también el Padre tales adoradores busca que le adoren. Dios es Espíritu; y los que le adoran, en espíritu y en verdad es necesario que adoren. Le dijo la mujer: Sé que ha de venir el Mesías, llamado el Cristo; cuando él venga nos declarará todas las cosas. Jesús le dijo: Yo soy, el que habla contigo» (Juan 4:7–26).

Jesús se reservó esta revelación para ofrecérsela a ella, dando testimonio con esto que todas las mujeres de todas las culturas del mundo, a la luz de Su doctrina, quedaban redimidas de la maldición de inferioridad a la cual habían sido sometidas históricamente.

El acontecimiento histórico más importante de la fe cristiana es la resurrección. Que interesante, que en vez de presentarse a los apóstoles, lo hizo primeramente ante una mujer, María Magdalena.

Justicia a la mujer

El apóstol Pablo declaró que ya no hay esclavo ni libre, ni judío ni griego, ni mujer ni varón.

> «Porque todos los que habéis sido bautizados en Cristo, de Cristo estáis revestidos. Ya no hay judío ni griego; no hay esclavo ni libre; no hay varón ni mujer; porque todos vosotros sois uno en Cristo Jesús» (Gálatas 3:27–28).

En otras palabras, Cristo vino a otorgarle igualdad a ambos sexos. Si uno tiene privilegios el otro también los tiene, y si uno tiene responsabilidades o deberes el otro también los tiene.

Por ejemplo, los mismos derechos que la Biblia le otorga al hombre en cuanto a las relaciones sexuales se le reconoció a la mujer.

> «El marido cumpla con la mujer el deber conyugal, y asimismo la mujer con el marido. La mujer no tiene potestad sobre su propio cuerpo, sino el marido; ni tampoco tiene el marido potestad sobre su propio cuerpo, sino la mujer. No os neguéis el uno al otro, a no ser por algún tiempo de mutuo consentimiento, para ocuparos sosegadamente en la oración; y volved a juntaros en uno, para que no os tiente Satanás a causa de vuestra incontinencia» (1 Corintios 7:3–5).

La trampa del feminismo

Las feministas pensaron que si los hombres adulteran, ellas tienen el derecho de hacerlo igualmente. Como si la promiscuidad fuera un derecho; al contrario, destruirá a cualquiera que desarrolle ese comportamiento, independientemente del sexo. Pero lamentablemente muchas mujeres, y cada vez más, están cayendo en esa trampa.

Ahora, cuando se trata de roles y funciones específicas para cada sexo ellos comienzan a competir en esos aspectos, entonces ocurren grandes catástrofes como los que hemos visto en las familias modernas. Por ejemplo, las mujeres desearon trabajar fuera del hogar y competir con los hombres, como si el trabajar fuera un privilegio otorgado a los hombres, abandonando el privilegio de ser madres con la libertad de criar ellas mismas a sus hijos.

Actualmente hay un porcentaje cada vez mayor de mujeres que trabajan fuera del hogar, una cantidad cada vez mayor de guarderías para bebés y niños de edad preescolar. De igual manera han aumentado vertiginosamente la tasa de divorcios y problemas de promiscuidad y embarazos de adolescentes. Esto es sin contar la proliferación del lesbianismo, resultado directo del alejamiento de las madres de sus hijas por causa del trabajo.

Ambos movimientos ideológicos mencionados fracasaron, y cualquier otro que surja y no se ajuste al diseño original fracasará igualmente. Lo más difícil ha sido que muchos llamados cristianos han validado estas tendencias o movimientos ideológicos, así como otros aun más controversiales.

Dios quiso darle orden muy específico a todo lo creado, y mientras no decidamos volver a ese orden no podremos ver la hermosura de la creación terrenal como fue antes de la caída. Si esta generación no decide regresar a ese orden, Dios en su inmensa misericordia le probará a los hombres y mujeres de todos los tiempos y de todas las épocas (para vergüenza de todos), qué maravilloso fue su plan cuando al final de los tiempos nos muestre *«cielos nuevos y tierra nueva»* gobernado por Él y por aquellos que no doblaron sus rodillas a ningún baal de este mundo.

«Vi un cielo nuevo y una tierra nueva; porque el primer cielo y la primera tierra pasaron, y el mar ya no existía más. Y yo Juan vi la santa ciudad, la nueva Jerusalén, descender del cielo, de Dios, dispuesta como una esposa ataviada para su marido. Y oí una gran voz del cielo que decía: He aquí el tabernáculo de Dios con los hombres, y él morará con ellos; y ellos serán su pueblo, y Dios mismo estará con ellos como su Dios. Enjugará Dios toda lágrima de los ojos de ellos; y ya no habrá muerte, ni habrá más llanto, ni clamor, ni dolor; porque las primeras cosas pasaron.

Y el que estaba sentado en el trono dijo: He aquí, yo hago nuevas todas las cosas. Y me dijo: Escribe; porque estas palabras son fieles y verdaderas. Y me dijo: Hecho está. Yo soy el Alfa y la Omega, el principio y el fin. Al que tuviere sed, yo le daré gratuitamente de la fuente del agua de la vida. El que venciere heredará todas las cosas, y yo seré su Dios, y él será mi hijo. Pero los cobardes e incrédulos, los abominables y homicidas, los fornicarios y hechiceros, los idólatras y todos los mentirosos tendrán su parte en el lago que arde con fuego y azufre, que es la muerte segunda» (Apocalipsis 21:1–8).

«Y no vi en ella (santa ciudad, la nueva Jerusalén) templo; porque el Señor Dios Todopoderoso es el templo de ella, y el Cordero. La ciudad no tiene necesidad de sol ni de luna que brillen en ella; porque la gloria de Dios la ilumina, y el Cordero es su lumbrera. Y las naciones que hubieren sido salvas andarán a la luz de ella; y los reyes de la tierra traerán su gloria y honor a ella. Sus puertas nunca serán cerradas de día, pues allí no habrá noche. Y llevarán la gloria y la honra de las naciones a ella. No entrará en ella ninguna cosa inmunda, o que hace abominación y mentira, sino solamente los que están inscritos en el libro de la vida del Cordero» (Apocalipsis 21:22–27).

Bienaventurado el que guarda el consejo de Dios

«Y me dijo: Estas palabras son fieles y verdaderas. Y el Señor, el Dios de los espíritus de los profetas, ha enviado su ángel, para mostrar a sus siervos las cosas que deben suceder pronto. ¡He aquí, vengo pronto! Bienaventurado el que guarda las palabras de la profecía de este libro» (Apocalipsis 22:6).

«Y me dijo: No selles las palabras de la profecía de este libro, porque el tiempo está cerca. El que es injusto, sea injusto todavía; y el que es inmundo, sea inmundo todavía; y el que es justo, practique la justicia todavía; y el que es santo, santifíquese todavía. He aquí yo vengo pronto, y mi galardón conmigo, para recompensar a cada uno según sea su obra. Yo soy el Alfa y la Omega, el principio y el fin, el primero y el último. Bienaventurados los que lavan sus ropas, para tener derecho al árbol de la vida, y para entrar por las puertas en la ciudad. Mas los perros estarán fuera, y los hechiceros, los fornicarios, los homicidas, los idólatras, y todo aquel que ama y hace mentira. Yo Jesús he enviado mi ángel para daros testimonio de estas cosas en las iglesias. Yo soy la raíz y el linaje de David, la estrella resplandeciente de la mañana. Y el Espíritu y la Esposa dicen: Ven. Y el que oye, diga: Ven. Y el que tiene sed, venga; y el que quiera, tome del agua de la vida gratuitamente» (Apocalipsis 22:10–17).

Capítulo 12

Mis felicitaciones

CAPÍTULO 12

MIS FELICITACIONES

Primeramente, quiero felicitar a los hombres sensibles, en todo el mundo, que ya habían recibido esta revelación de la mujer y las han amado, honrado y bendecido como Cristo a la Iglesia. Felicito a aquellos que, leyendo este libro, tuvieron que detenerse y correr a los pies de sus esposas para pedirles perdón; a los que sentaron a sus hijos para pedirles perdón por cómo se comportaron con sus madres y se comprometieron a que las cosas cambien.

Quiero felicitar a las mujeres alrededor del mundo, que nunca le imputaron a Dios despropósito alguno por el trato que han recibido, porque saben que lo que padecen es responsabilidad del único enemigo que realmente poseen, Satanás (¡que el Señor lo reprenda!). Las que saben que Dios jamás las sometería a tal degradación. Por eso, a pesar de la vida que les ha tocado vivir, todavía adoran al único Dios verdadero y se aferran en fe a la idea de que algún día nacerá el sol de justicia para ellas, sus lágrimas serán enjugadas y su lugar de honra estará reservado, esperándolas, para disfrutarlo eternamente y para siempre.

Las bendigo por no rendirse. Verdaderamente han humillado a Satanás. Sus vidas de amor incondicional han provocado un caos en el reino de las tinieblas. Nadie tiene mayor autoridad sobre él que ustedes, porque lo han vencido por medio de la palabra de su testimonio y porque supieron menospreciar sus vidas hasta la muerte, con tal de mantenerse honrando el nombre de Jesucristo.

A las que perdonaron; que amaron, sufriendo agravios; que mantuvieron un espíritu noble de servicio, aun para aquellos que las humillaban. Las que, por medio de su incondicional amor, callaron las bocas de sus acusadores y provocaron que las rodillas de sus heridores se doblaran para arrepentirse. Mujeres que, por su unción de humildad, llevaron a sus esposos a los pies de Cristo.

Quiero honrar a las mujeres que nunca amaron más de lo que se amaron a sí mismas. Bendigo a todas las mujeres que se dieron a respetar dignamente, creyendo que hay un Juez en los cielos que les haría justicia, en respuesta a su obediencia y sujeción a la Palabra. Que tuvieron a Dios por el más excelente de los maridos y confiaron en Él más que en cualquier hombre; que supieron que Él sería el que siempre las sustentaría.

Que utilizaron la autoridad espiritual que Dios les dio de una forma sabia. Que libraron guerras, mientras otros se daban el crédito por la victoria. Creo que son las heroínas anónimas que salvaron al mundo de no haberse colapsado antes. Solo en la eternidad se sabrá, a ciencia cierta, el valor que ustedes tuvieron en la dimensión de lo terrenal. Sé que serán coronadas con una especial honra, porque se negaron a renunciar, porque amaron más allá de lo que lógicamente se pueda entender, porque amaron como viendo al Invisible.

Quiero, sobre todo, felicitar a la mujer que se arrepiente de haberle permitido a Satanás minar su vida. A la que, a pesar de haber caído en el pozo de la degradación moral y espiritual, vio este rayo de luz a través del túnel y decidió darse una oportunidad para recobrar aquella dignidad con la que fue creada. La que decidió levantarse y exponerse a la luz de Aquel que la amó desde que estaba en el vientre de su madre. Felicito a la que está dispuesta a recobrar su lugar de reina, sujeta a Su Amado Jesús.

Te bendigo porque, con esta decisión, acabas de darle el golpe fatal más duro que jamás hubieses podido propinarle a tu más despreciable enemigo. Darle tu corazón a Cristo es volver a nacer, es volver a la vida que Dios quiso que tuvieras desde el principio. Eres una prueba viviente de que Dios fue muy sabio cuando te creó como lo hizo.

Bendigo a todas las mujeres virtuosas del mundo, según lo expresa el libro de los Proverbios:

> «Mujer virtuosa, ¿quién la hallará? Porque su estima sobrepasa largamente a la de las piedras preciosas. El corazón de su marido está en ella

confiado, y no carecerá de ganancias. Le da ella bien y no mal todos los días de su vida.

Busca lana y lino, Y con voluntad trabaja con sus manos. Es como nave de mercader; Trae su pan de lejos. Se levanta aun de noche y da comida a su familia y ración a sus criadas.

Considera la heredad, y la compra, y planta viña del fruto de sus manos. Ciñe de fuerza sus lomos, y esfuerza sus brazos. Ve que van bien sus negocios; Su lámpara no se apaga de noche. Aplica su mano al huso, y sus manos a la rueca.

Alarga su mano al pobre, y extiende sus manos al menesteroso. No tiene temor de la nieve por su familia, porque toda su familia está vestida de ropas dobles. Ella se hace tapices; de lino fino y púrpura es su vestido.

Su marido es conocido en las puertas, cuando se sienta con los ancianos de la tierra. Hace telas, y vende, y da cintas al mercader. Fuerza y honor son su vestidura; y se ríe de lo por venir.

Abre su boca con sabiduría, y la ley de clemencia está en su lengua. Considera los caminos de su casa, y no come el pan de balde. Se levantan sus hijos y la llaman bienaventurada; y su marido también la alaba: Muchas mujeres hicieron el bien; mas tú sobrepasas a todas.

Engañosa es la gracia, y vana la hermosura; la mujer que teme a Jehová, ésa será alabada. Dadle del fruto de sus manos, y alábenla en las puertas sus hechos» (Proverbios 31:10–31).

A aquellas mujeres que, después de leer este libro, han reconocido que están lejos de Dios, que quisieran vivir en la dimensión que Dios escogió para ustedes, que quieren descubrir la vida gloriosa de las mujeres de Dios y están dispuestas a que Él las pase por el proceso de restaurarlas conforme a Su imagen y semejanza para la gloria de Su nombre, las animo a que hagan esta oración conmigo:

Padre...vengo a ti en el nombre de Jesús, tu hijo amado...

Sé que no merezco este privilegio de acercarme a ti, pero vengo porque en lo profundo de mi corazón siempre te he amado, y porque he creído en la buena noticia de que Jesús y su sangre me concedieron la oportunidad incondicional del perdón, y por eso me arrepiento de haberme desviado y recibo a Cristo en mi corazón como mi Señor y Salvador de mi alma.

Decido en tu nombre, sujetarme...

Creo que Jesús abrió para mí una puerta para que yo pudiera volver a tener comunión contigo, como antes de nacer, cuando mi embrión vio tus ojos, en la intimidad del vientre de mi madre.

Jesús amado, por favor envía el Espíritu Santo sobre mí, para que por su poder yo vuelva a gozar de esa naturaleza especial con que me creaste. ¡Que me transforme!...

Padre, para que me ayude a agradarte en todo y guardarme para Jesús, cuando venga por mí a celebrar las bodas del Cordero.

Amén. ¡Gracias, Dios! Te amo...

Mujer, comienza a disfrutar plenamente de lo que eres, el ser más increíble que jamás se haya creado. Descansa y deja que Dios te redima; solo lucha por no perder las cualidades que te hicieron convertirte en el sello de la creación...

¡Dios te bendiga, mujer! ¡Yo también te bendigo!

Me interesa mucho saber cómo impactó este libro tu vida. Compárteme qué hizo Dios a través de él. Puedes escribirme a:

reymsatos@gmail.com